자녀의 사고력, 상상력을 키워주는

하루 30분,
아이와 마음 나누기

배태훈 박종순 지음

드림북

〈프롤로그〉

부모와 자녀 간의 문제로 야기되는 사회적 문제가 갈수록 심각합니다. 부모와 아이가 함께하는 시간이 점점 줄고, 각자의 삶을 살아가야 하는 현실 앞에 부모와 아이가 마음을 나누는 것은 쉬운 일이 아닙니다.

교직 생활을 하면서 알게 된 것 중 하나는 아이들은 작은 관심과 사랑에도 생각보다 큰 행복을 느낀다는 것입니다. 그리고 상대방에 대한 신뢰가 쌓이면, 물어보지 않아도 자신의 속 깊은 이야기를 합니다. 학교에서 교사와 학생이 일대일로 마주하는 시간은 매주 짧습니다. 하지만, 그 짧은 시간에 마음을 나누는 일들은 기적같이 일어납니다.

아이들이 자라서 성인이 되고, 고등학생이 되면서 함께 마주 앉아 이야기하는 시간이 줄어들었습니다. 그럼에도 틈을 내어 얼굴을 보고 이야기하는 시간을 가지려고 서로 노력합니다. 자신의 삶의 이야기와 그 속에서 느낀 감정들을 이야기합니다. 서로 격려하고 위로하는 시간을 가집니다. 가끔씩 갈등이 일어나기도 하지만, 그간의 노력으로 이제는 서로 갈등을 해소하는 방법을 잘 알고 있어서 어느새 얽힌 마음을 해소하고 마음을 나눕니다.

함께하는 시간은 많이 줄어들었지만, 우리 가족이 짧은 시간에도 마음을 나눌 수 있는 것은 어린 시절부터 마음을 나누는 삶을 살았기 때문입니다. 우리 부부는 시간이 되거나 때로는 시간을 만들어서 여러 방법들을 통해 서로의 마음을 나눴습니다. 이런 시간들 때문인지 아이들이 사춘기 시절을 보내는 시기에도 서로의 마음을 이야기하고 나누었습니다. 심한 갈등이 일어날 때도 서로의 마음을 잘 알기에 큰 문제 없이 잘 지나갔습니다. 이런 나눔의 시간들이 오랫동안 쌓여왔기 때문에 아이들이 성장하고 서로 마주하는 시간이 줄어들어도 계속 마음을 나눌 수 있는 것이라고 생각합니다. 그리고 지금도 아이와 마음을 나누기 위해 우리 부부는 시간을 만들고 기회를 찾으려는 노력을 합니다.

이 책은 우리 부부가 우리 아이들을 양육하면서, 학교에서 학생들을 가르치면서, 많은 부모와 아이들을 상담하면서 아이들과 마음을 나눈 경험들을 모은 것입니다. 〈하루 30분, 아이와 마음 나누기〉는 하루 30분을 통해 부모와 아이가 마음을 나눌 수 있는 방법들을 소개합니다.

먼저, 1부에서는 자녀와의 대화가 어떤 힘을 가지고 있는지 이야기합니다. 현재 우리나라 부모들은 얼마나 자녀와 대화를 하며, 마음을 나누고 있는지 이야기합니다. 2부에서는 하루 30분, 이 짧은 시간이 얼마나 큰 힘을 가지고 있는지, 그리고 하루 30분을 통해서 자녀와 마음 나누기가 가능한지 이야기합니다.

3부부터는 아이와 마음 나누기에 대한 방법들을 소개합니다. 3부에서는 독서로 아이와 마음 나누는 방법을, 4부에서는 일기동화로 아이와 마음을 나누는 방법을 소개합니다. 5부는 편지공책으로 아이와 마음 나누기, 6부는 감정표현으로 아이와 마음 나누기, 마지막 7부는 놀이로 아이와 마음 나누기를 소개합니다.

짧은 시간이지만, 매일 반복되는 시간을 통해 아이와 소통하며 생각과 마음을 나누는 방법들은 간단하면서도 큰 힘을 발휘합니다. 〈하루 30분, 아이와 마음 나누기〉를 통해 어려운 시대를 살아가며 매일매일 자녀양육을 위해 고군분투하는 모든 부모가 아이와 함께 마음을 나누며 행복한 가정을 세워가는 길을 열어주기를 기대해봅니다.

이 책이 만들어지기까지 도와주신 드림북 출판사 민상기 사장님과 편집부 식구들에게 감사의 마음을 전합니다. 그리고 우리 부부의 큰 버팀목이 되어주시는 양가 부모님과 20여 년 동안 부모와 자녀로 만나 함께 마음을 나누며 잘 자라준 승주와 승하에게도 고마운 마음을 전합니다.

2023년 배태훈, 박종순

목 차

1장
대화의 힘

대화의 힘

자녀와 얼마나 대화하세요?

여러분의 자녀들은 고민이 생기면 누구에게 이야기하나요? 강의를 다니면서 부모들에게 여러 가지 질문을 하는데, 위의 질문이 그 중에 하나입니다. 부모들은 어떤 대답을 했을까요? 대부분 엄마와 친구라고 말합니다. 아빠라고 대답하는 부모는 정말 가뭄에 콩 나듯 들립니다. 그럴 때마다 아빠 입장에서는 참 서글픕니다.

여성가족부 자료에 따르면, 청소년의 약 50%가 친구에게 고민을 상담한다고 합니다. 엄마와 이야기한다는 청소년은 약 30%이며, 아빠와 상담한다고 한 아이는 불과 1%가 안 됩니다.[1] 엄마라

---

[1] 김범준, 「내 아이를 바꾸는 아빠의 말」, 애플북스, 2014. p. 12

고 대답하는 부모는 대부분 자녀가 초등학교 저학년이나 미취학생입니다. 친구라고 말한 부모는 초등학교 고학년 이상입니다. 이렇게 자녀의 연령에 따라 자신의 고민을 이야기하는 대상이 달라집니다.

통계청의 2022년 사회조사 결과에도 비슷한 결과가 나옵니다. 청소년이 고민 상담하는 대상은 친구·동료가 43.4%로 가장 많고, 그다음이 부모(27.1%), 스스로 해결(19.1%), 형제·자매(6.1%) 순이었습니다. 자녀들은 왜 성장하면서 자신의 고민을 부모가 아닌 친구들에게 털어놓는 것일까요?

가장 가까운 가족에게 자신의 고민을 이야기하지 못하는 이유는 무얼까요? 답은 간단합니다. 평소에 대화가 없기 때문입니다. 부모와 대화가 점점 줄어들면서 자신의 마음을 쉽게 부모에게 내놓을 수 없기 때문입니다. 그렇다면 왜 아이들이 부모와 대화가 없는 것일까요? 어떤 아이들은 부모와 이야기를 하지만 의사소통이 되지 않는다고 말합니다.

왜 이런 일이 일어난 것일까요? 청소년들의 이야기를 들어보면, 말해봤자 소통이 되지 않는다는 걸 알기 때문에 아예 시도조차 하지 않는다고 합니다. 아이들이 처음부터 부모에게 말을 하지 않은 것은 아닙니다. 아이들은 부모에게 끊임없이 자신의 이야기를 합니다. 하지만 부모가 자녀의 이야기에 귀를 기울이지 않고, 대화의 시간도 주지 않았을 것입니다. 이런 횟수가 늘어나다보니 자녀는 자신의 이야기를 하지 않는 것이 편하다고 결론을 내렸는지도 모르겠습니다. 어쩌다 가족이 함께 모이는 자리에서조차 통상적인 이야기만 오갈 뿐, 속 깊은 얘기는 들어보기 어려운 것이 현실입니다. 아이와 마음을 나누는 것이 어렵습니다.

수년 전부터 여러 기관에서 실시한 가족과 관련된 설문조사 결과를 보면, '부모와 자녀의 대화'가 부족하다는 수치가 나옵니다. 해를 거듭할 때마다 부모와 자녀가 대화하는 수치는 점점 낮아지고 있습니다. 2020년 11월 통계청의 발표에 따르면, 청소년들은 '부모와 대화를 많이 나누는 편인가요?'라는 질문에 46%는 적당히 대화를 나눈다고 답변했습니다. 대화 빈도가 낮은 이유에 대해서는 학생 본인의 자유 시간을 즐겨야 하기 때문이라는 응답이 25.2%로 가장 높았습니다. 그리고 부모님과의 대화가 어렵고 부담된다는 응답도 23.6%로 높은 비율이었습니다.

2021년 글로벌 교육 문화 비상교육이 '자녀와의 대화'를 주제로 설문조사한 결과, 학부모 10명 가운데 6명 이상이 자녀와 대화를 하는 시간이 하루 평균 1시간이 채 되지 않는다고 발표했습니다. 하루 평균 자녀와 나누는 대화시간이 어느 정도인지 부모에게 묻자 '30분 이상 1시간 미만'이라는 응답이 30.9%로 가장 많았고, 그 뒤를 이어 '10분 이상 30분 미만'(29.1%), '1시간 이상 2시간 미만'(22.0%), '2시간 이상'(11.9%), '10분 미만'(6.2%) 순으로 집계됐습니다. 즉 응답자의 66.2%가 자녀와 하루 평균 1시간이 안 되는 대화시간을 갖는 셈입니다.

또 자녀와의 대화는 '엄마'(55.3%)가 주도적으로 이끌어 간다는 응답이 절반 이상이었고, 그 다음으로 '자녀'(33.6%), '아빠'(9.1%) 순으로 주도한다고 응답해 자녀 양육에 있어 아빠가 적극적으로 대화에 참여하는 비율이 적은 것으로 나타났습니다. 대부분의 부모들이 아이가 학교 가기 전에는 아이와 많은 시간을 가지려고 노력합니다. 하지만 초등학교에 들어가면 아이들도 이것저것 배워야 할 것이 많아져 바빠지고, 이제 제법 자랐으니 부모 손이 덜 가도 된다고 생각해 함께하는 시간을 '자의 반, 타의 반'으로 줄이기도 합니다. 가장 왕성히 일할 시기인 30~40대 부모의 어쩔 수 없는 선택이기도 합니다. 아이들이 조금 더 자라 초등학교 고학년이 되면 아예 자기 주도적인(?) 삶을 살도록 합니다.

지금 우리나라 가정에서 원활한 대화가 이루어지지 않고 있다는 것은 새삼스러운 일이 아닙니다. 문제는 부모나 아이 모두 대화를 원하지만 현실에서는 실천하지 못하고 있다는 데 있습니다.

통계에서 볼 수 있듯, 요즘 우리 사회에서는 가족이 한자리에 모이는 것이 어색한 기형적인 모습이 일반화되어 버렸습니다. 대부분의 아빠들이 잔업과 야근, 교통체증, 회식 등에 시달려 저녁 늦게야 집에 들어옵니다. 아이가 일어나기 전에 출근하고 아이가 잠든 뒤 퇴근하여, 며칠 동안 아빠와 아이가 서로 얼굴을 못 보는 가정도 드물지 않습니다. 한집에 사는 것이 맞나 싶을 정도입니다. 부모가 맞벌이하는 경우, 아이 혼자 아침을 해결하고 등교하는 가정도 많습니다. 저녁에도 학원이나 집 근처 편의점에서 초스피드로 식사를 해치웁니다. 아빠는 아빠대로, 엄마는 엄마대로, 아이는 아이대로 각자의 삶을 살아내느라 분주합니다. 상황이 이렇다 보니 내 아이가 어떤 생각을 하고 있는지, 또 어떤 생활을 하고 있는지 아는 건 사치라고 느껴질 정도입니다. 그저 '아이가 문제를 일으키지 않고 학교생활을 하면 그걸로 됐지'라며 '바쁜 삶'을 합리화합니다. 거기에 아이가 공부까지 잘해 준다면, '이만하면 잘 키우고 있어'라고 착각(?)합니다. 하지만 정말 그것이면 충분할까요? 정말, 공부를 잘하는 것과 아이가 잘 크는 것 사이에 등호가 성립될 수 있을까요?

가끔 보는 사람들보다 자주 만나는 사람과 할 말이 더 많습니다. 뭐 그리 할 말이 많은지 끝도 없이 수다를 떨고 나서 조금 있다가 전화로 다시 이야기하자고 합니다. 또는 전화로 실컷 떠들고서 자세한 건 만나서 이야기하자고 합니다. 반대로 처음 만난 사이엔 나눌 이야깃거리가 없습니다. 고작해야 날씨 이야기 정도 쑥스럽게 꺼내 보지만 이내 다시 어색한 정적이 흐릅니다. 1초가 마치 10분 같습니다. 그러나 만남을 자주 가지다 보면 이야깃거리는 점차 늘어나고, 함께하는 시간이 많아질수록 서로가 속마음을 내보이게 되며 어느 새 고민까지도 나누는 사이로 발전합니다. 서로의 생각과 성향들을 알아가는 과정을 통해 깊어지는 건 신뢰감입니다.

부모 자녀와의 관계도 마찬가지입니다. 아무런 대화도 하지 않고, 아이의 고민을 들을 수는 없습니다. 종종 이런 말을 하는 부모들을 만납니다. "그래도 부모인데, 힘든 일이 있으면 아이들이 스스로 찾아와 고민을 털어놓지 않을까요?" 하는 것은 그야말로 큰 착각입니다. 아무리 부모라 하더라도 아이와 관계 형성이 바로 되어 있지 않으면, 평소 소통이 제대로 이루어지고 있지 않으면 불가능한 일입니다. 한 공간에서 살고 있지만, 각자 살고 있는 것이나 다름이 없습니다. 가족이지만, 단절된 가족입니다. 외형상으로는 가족이라고 할 수 있지만, 내적으로 보면 남남입니다.

'밥을 함께 먹는다'는 말의 의미를 아나요? 여기에는 관계 형성에 매우 중요한 의미와 상징성이 있습니다. 관계가 좋은 사람은 함께 자주 밥을 먹습니다. 함께 밥을 먹는 횟수가 관계지수를 나타낸다고 보아도 무리가 없습니다. 우리나라에서는 흔히 관계를 형성할 때, '밥이나 한 번 먹죠?'라는 말로 시작합니다. 밥을 먹으면서 이런저런 이야기를 나누며 관계를 맺어 갑니다. 그만큼 식사를 함께한다는 것이 중요하다는 뜻입니다.

  하지만 지금 우리 가정은 어떤가요? 2022년에 엘리트학생복이 10대 청소년 대상으로 '가족 간 소통' 관련하여 설문조사한 결과에 따르면, '일주일에 몇 번 가족과 함께 저녁 식사를 하나요?'라는 질문에 '주 1~2회'라고 답한 응답자가 28%로 가장 많았으며, '주 3~4회(26%)', '매일(23%)', '주 5~6회(17%)' 순이었다. 일주일 내내 가족과 따로 먹는다고 경우는 6%였습니다. 관계를 형성할 기회조차 갖지 못하는 가정이 있다는 뜻입니다. 가족을 식구(食口)라고 합니다. 식구란 입을 크게 벌려 함께 먹는다는 의미입니다. 매일 함께 밥을 먹으면 제일 좋겠지만, 그게 어렵다면 적어도 일주일에 두 번 이상은 가족들과 함께 식사하는 시간을 일부러라도 만들어, 서로 어떻게 지냈는지, 자신에게 일어났던 일과 감정들을 나누는 것이 필요합니다. 칭찬하고 위로하고 격려하면서 서로의 마음을 드러내는 것이 중요합니다.

우리나라는 자살률이 굉장히 높습니다. 성인뿐 아니라 청소년, 그리고 초등학생까지 자신의 생명을 스스로 내려놓는 선택을 합니다. 이제 겨우 삶의 출발점에 선 아이들이 경주를 해 보지도 않고 포기한다는 건 참으로 절망적입니다. 겉으로는 괜찮다고 말하지만, 억압과 충격과 두려움 속에서 하루하루를 버티고 있는 아이들도 많습니다. 일이 벌어지고 난 후에야 부모들은 "아이가 그렇게 고통스러워하는지 몰랐어요. 평소 별다른 징후가 없었어요. 이렇게까지 힘들어하는지 몰랐어요."라고 말하며 가슴을 칩니다.

'말하지 않아도 알아요'라는 광고 카피가 있습니다. 하지만 실제로는 말하지 않으면 모릅니다. 수많은 대화와 만남을 통해 관계가 튼튼하게 맺어진 뒤라면 모를까, 전혀 교류가 없는 상태에서는 말하지 않으면 누구도, 아무것도 알 수가 없습니다.

"내 아이는 내가 잘 알아요."

과연 그럴까요? 아이가 말하지 않는다면, 아무리 부모라 해도 자신이 나름대로 정한 틀 안에서 어쩌면 자신이 생각하고 싶은 대로 아이를 알 뿐입니다.

여기서 부모가 기억해야 하는 것이 있습니다. 단순히 얘기를 많이 하는 것과 마음을 나눈다는 것은 다르다는 것입니다. 일방적으로 아이에게 질문하고 답을 듣기만 하고, 부모의 이야기를 들려주지 않는다면 제대로 된 소통이 아닙니다. 반대로 아이의 이야기는 듣지 않고 일방적인 설교나 훈계만 한다면 그것 또한 소통이라고 볼 수 없습니다. 오고 가는 것이 있어야 소통이며 서로 밀접하게 연결되어 있어야 관계가 쉽게 끊어지지 않습니다. 어느 한쪽의 '일방통행'만으로는 소통을 이룰 수 없습니다.

서울대학교 언론정보학과 김반야는 2016년 박사학위논문 "관계적 인간의 형성: 부모 자녀 의사소통이 자녀의 대인관계 능력에 미치는 영향"에서 부모와 자식 간에는 '주고 받음', 즉 쌍방향의 대화가 중요하며, 쌍방향의 대화가 잘 된 청소년이 대인관계 능력이 좋다고 보고합니다. 그는 또 긍정적인 대화는 긍정적인 방향으로 1만큼 영향을 주고, 부정적인 대화는 부정적인 방향으로 1만큼 영향을 준다고 밝힙니다.

지금 나의 가정은 어떤가요? 일방통행의 대화를 하면서 소통이 잘 이루어지고 있다고 착각하고 있지는 않은가요? 스스로에게 질문해 보길 바랍니다.

"자녀와 얼마나 많은 시간을 보내고 있나요?" "자녀와 얼마나 많은 대화를 하고 있나요?" "자녀와 말이 잘 통하나요?"

왜 자녀와 마음을 나누지 못할까요?

토마스 고든의 책 「부모 역할 훈련」(양철북, 2002)을 보면 아이와 마음을 나누기는 데 대화가 얼마나 중요한 것인지 잘 알 수 있습니다. 토머스 고든에 의하면, 부모와 자녀의 관계가 단절되고 소통이 이루어지지 않는 이유는 '부모가 자녀와 대화하는 방법을 배운 적이 없기 때문'이라고 말합니다. 마음은 그렇지 않은데 기술과 실질적인 훈련이 부족해 자녀의 감정과 생각을 충분히 존중하지 못한 상태에서 일방적인 대화를 하기 때문에 소통이 이루어지지 않는다고 합니다. 어떻게 대화를 해야 아이와 마음을 나눌 수 있을까요?

큰아이가 초등학교에 입학하던 해, 저는 과감히 직장에 사표를 냈습니다. 방과 후에 아이를 학원으로 돌리기 싫어서였습니다. 학원이 학업 향상에 그리 큰 영향을 주지 않는다는 생각과 부모 중 한 사람이 집에서 아이들을 돌보는 것이 지금 당장 많은 돈을 버는 것보다 중요하다는 생각이 아내와 일치했기 때문에 가능한 일이었습니다. 방과 후에는 부모가 아이를 돌보는 것이 옳다는 생각은 우리의 의도와는 다른 곳에서 좋은 현상으로 나타났습니다. 학교 수업이 끝난 이른 오후 시간부터 아이와 함께했고, 함께하는 시간이 많아지자 자연스럽게 대화가 늘었습니다. 아이가 무슨 생각을 하는지 어떤 삶을 살고 있는지 이전보다 더 깊이 알게 됐습니다. 자연스럽게 아이와 마음을 나누기 시작했습니다.

아이와 시간을 많이 보내고 있다고 해서, 아이와 늘 함께 있다고 해서 '아이와 잘 소통하고 있다'라고 여겨도 되는 것일까요? 한 공간에 함께 있는 시간이 많아도 소통하지 못하는 경우가 허다합니다. 중요한 것은 함께하는 시간의 '양'보다 '질'입니다. 짧은 시간이라도 어떻게 아이와 소통하고 있는지가 중요하다는 뜻입니다.

자녀와의 관계도 인간관계라는 것을 알아야 합니다. 인간관계는 서로 다른 사람, 즉 타인을 전제로 합니다. 자녀도 타인입니다. 어린 아이지만 하나의 다른 인격체이지, 내 소유물이 아닙니다. 그렇기 때문에 부모와 자녀 사이라고 하더라도 관계 형성이 제대로 되어 있지 않으면, 소통이 제대로 이루어지지 않는 것이며, 끊임없이 좋은 관계를 유지하기 위한 노력이 필요합니다.

소통이 제대로 이루어지려면 상대방에 대해서 잘 알아야 합니다. 안다는 것은 관계를 맺는다는 말이며, 반대로 관계를 맺는다는 것은 서로 알아간다는 의미이기도 합니다. 부모와 자녀가 관계를 맺었다면 서로 알아가야 합니다. 부모가 자녀의 어려움이 무엇인지를 알아야 하고, 자녀들도 부모의 어려움이 무엇인지 알아야 합니다. 한쪽만 아는 것이 아니라 서로가 서로를 알아야 합니다. 그래야 가치관을 공유할 수 있고 비로소 온전한 소통이 이루어질 수 있습니다.

아이들은 수다쟁이입니다. 학교에서, 학원에서, 놀이터에서 있었던 일을 끊임없이 이야기합니다. 새로 알게 된 것, 기분이 좋았던 일, 안 좋았던 일, 친구들과의 관계, 선생님과의 관계, 어떤 상황에서 어떤 것을 결정해야 되는지 등등 하루에 일어난 시시콜콜한 일들을 이야기합니다. 부모와 친밀해지려고 본능적으로 노력합니다.

우리 아이들도 마찬가지입니다. 부산여행을 갔던 때입니다. 먹는 것을 좋아하는 아빠 덕분에 우리 가족은 여행을 하면서 가능하면 많은 휴게소에서 쉽니다. 그러느라 서울에서 부산까지 약 5시 30분 정도 걸립니다. 왕복 11시간 정도를 차 안에서 보내는데, 그 시간 동안 아이들은 쉴 새 없이 떠듭니다. 자동차 뒷좌석에서 11시간 동안 떠드는 소리를 듣는 것이 얼마나 많은 인내심을 필요로 하는지는 경험한 사람만 알 수 있을 것입니다. 뭐가 그리 죽이 맞는지 금방 서로 낄낄거리며 이런저런 이야기를 나누다가 이내 싸우기도 합니다. 그나마 휴게소에서 자주 쉬는 것이 이 작은 공간에서 벗어나는 유일한 시간입니다. 때론 조용히 하라고 화도 내보지만, 아이들의 입은 쉬지 않습니다.

대부분의 아이들이 이렇게 친밀하게 서로 관계를 형성합니다. 그러나 엄마 아빠는 아이들만큼 열성적이지 못합니다. 많은 이야기를 들어주고 싶고 들려주고도 싶지만, 아이들과의 시시콜콜한 대화는 늘 우선순위에서 밀리곤 합니다. 엄마, 아빠 얼굴을 볼 시간도 없고, 보더라도 부모들이 피곤해서 아이들의 이야기에 집중할 수가 없습니다. 아이의 말에 영혼 없는 대답으로 반응해 버리기 일쑤입니다. 부모의 이런 반응은 곧바로 아이들의 입을 닫아버리게 합니다.

그러지 않으려면 사소한 말이라도 아이와 계속 수다를 떠는 것이 좋습니다. 수다를 떤다는 것은 친밀감의 표현이기도 하며, 수다를 떠는 과정에 또 다른 모양의 친밀감이 쌓이기도 합니다. 가벼운 말 한마디 속에 진심이 담겨 있는 경우도 많습니다. 타인의 심리 상태를 이해하고 그 사람의 입장에서 생각하는 것을 공감이라고 한다면, 공감은 결국 타인의 감정에 이입하는 과정이라고 할 수 있습니다. 사소한 말이라도 그 안에 공감이 담겨 있다면 아이는 아빠가, 혹은 엄마가 자신의 감정을 이해한다고 생각합니다. 그래서 수다 속에 종종 아이의 진심이 묻어나옵니다.

지금 우리에게 필요한 것은 아이가 어떤 상태에 직면하고 있는지 아는 것입니다. 그것을 알 수 있는 가장 좋은 방법은 수다를 떠는 것입니다. 아이의 아주 작고 사소한 말이라도 부모의 경험을 함께 이야기하면서 아이의 마음에 공감한다면 아이의 굳어 있던 마음이 열릴 것입니다. 자녀의 마음을 얻기 위해서는 끊임없이 자녀와 소통할 수 있는 대화의 창을 열어 둬야 합니다. 마음 편하게 자신의 마음을 쏟을 수 있는 공간을 만들어야 합니다. 이런 대화의 공간을 만들려면 적은 시간이라도 매일 갖는 것이 중요합니다.

근력을 키우기 위해서는 꾸준한 운동이 필수적입니다. 어느 날 갑자기 운동을 한다고 단기간에 몸짱이 될 수는 없습니다. 조금씩이라도 꾸준히 운동을 해야 근육이 만들어집니다. 자녀와의 대화나 소통도 마찬가지입니다. 어느 날 갑자기 "우리 이제라도 대화하면서 마음을 나누자"라고 해서 되는 것이 아닙니다. 꾸준함이 없다면 결코 마음을 나누지 못합니다. 자녀와의 대화는 어린 시절부터 계속되어야 합니다. 초등학교 저학년뿐만 아니라 초등학교 고학년, 중학교, 고등학교까지 대화가 이어져야 합니다. 대화가 끊어지면, 그 순간부터 자녀와의 소통은 기대하기 어렵습니다. 이런 이유 때문에 지금 당장 대화가 필요합니다.

2장
하루 30분의 힘

하루 30분의 힘

하루 30분

하루 30분은 아주 짧은 시간입니다. 하지만 티끌 모아 태산이라고 했던 것처럼 이 시간들이 모여서 중요한 일들을 할 수 있습니다. 아주 작지만 자신뿐만 아니라 주변에 있는 사람들, 특히 자녀의 삶을 바꿀 수도 있습니다. 남녀노소에게 동일하게 주어지는 24시간 중에서 하루 30분을 어떻게 사용하느냐에 따라서 삶의 변화가 일어날 수 있습니다.

하루 30분으로 어떻게 삶을 변화시킬 수 있느냐고 말할 것입니다. 하지만, 그 짧은 시간으로 삶을 변화시킬 수 있습니다. 30분을 어떻게 사용하느냐에 따라서 우리의 습관이 변화될 수 있기 때문입니다. 작은 습관의 변화는 다른 것에 영향을 주고, 그 영향으로 우리의 삶이 크게 변화될 수 있습니다. 아무리 바쁘더라도 하루 30분 정도는 충분히 시간을 낼 수 있습니다. 자신의 삶을 위해서, 또 자신의 자녀를 위해서 30분 정도는 가능합니다. 하지만 대부분의 사람들은 '30분 투자한다고 뭔가 달라지겠어?'라고 생각합니다. 그리고 30분을 투자하지 못합니다. 결국 삶에서 아무런 변화가 일어나지 않습니다.

인간의 뇌는 매우 게으르다고 합니다. 새로운 것을 하려고 하지 않습니다. 새로운 것을 하려면 뇌가 에너지를 많이 써야 하는데 그것을 귀찮게 여긴다고 합니다. 우리 몸의 에너지 중 25% 정도를 뇌가 사용한다고 하는데, 뇌는 어떻게 해서든지 편해지려고 합니다. 의식적으로 뭔가 하려고 하지 않으면 게을러지는 것이 다 뇌의 이런 습성 때문이라고 합니다. 또 새로운 것을 접할 때 뇌의 에너지 소비가 극심하기 때문에 될 수 있으면 기존에 했던 것을 그대로 반복하려고 합니다. 이렇게 동일한 패턴으로 몇 번 반복하면서 뇌는 에너지 소비 없이 행동하도록 만듭니다. 이게 바로 습관입니다. 습관이 되면, 뇌의 특별한 활동 없이 신체가 반응하여 행동합니다. 습관은 의식하지 않고 자연스럽게 이루어지기 때문에 에너지 소비가 낮습니다. 사람마다 조금씩 다르겠지만, 일상생활에서 반복되는 습관들이 많이 있습니다. 우리가 매일 반복하는 습관들 중 우리 인생에 아주 중요한 영향을 끼치는 것들이 있습니다. 우리는 좋은 영향을 끼치는 습관을 좋은 습관이라고 부르고, 반대로 나쁜 영향을 끼치는 습관을 나쁜 습관이라고 부릅니다. 뇌는 편한 것을 좋아하기 때문에 좋은 습관보다는 나쁜 습관이 많습니다.

누구나 나쁜 습관을 좋은 습관으로 바꿔서 우리 삶에 좋은 영향만 미쳤으면 좋겠다고 생각합니다. 하지만 나쁜 습관을 바꾸는 것은 쉽지 않습니다. 왜냐하면, 기존에 하던 패턴이 쉽기 때문입니다. 새로운 패턴으로 바꾸기 위해서는 뇌가 그만큼 에너지를 소비해야 하기 때문입니다. 또 새로운 패턴이 습관으로 자리 잡기 위해서는 시간이 필요하기 때문에 뇌는 새로운 것을 하지 않으려고 합니다. "예전에 하던 대로 하자" 이렇게 말을 합니다. 3일 정도 지나면, "그래, 하던 대로 하는 게 낫지" 하면서 포기하고 맙니다. 이런 행동의 패턴 때문에 작심삼일(作心三日)이라는 말이 나온 것입니다.

그런데 여러분, 아시나요? 하루 30분을 의식적으로 어떻게 사용하느냐에 따라서 우리 삶에 좋은 습관들을 만들어 갈 수 있습니다. 아이와의 관계에 있어서도 하루 30분을 함께하면 그 관계가 변화될 수 있습니다. 아이들과 소통이 필요하다면, 마음을 나누고 싶다면, 아이와 마주하는 시간이 있어야 합니다. 그 시간이 짧더라도 매일 반복하면 뇌에서는 중요한 것으로 생각합니다. 그리고 그 시간을 감정과 함께 장기기억으로 보냅니다. 아이들의 뇌가 장기기억 속에 부모와 함께하는 그 시간을 좋은 감정으로 담아놓습니다. 좋은 감정이 장기기억으로 저장되면, 아이가 부모를 생각할 때마다 좋은 감정을 함께 꺼내기 때문에 부모와 자녀의 관계가 좋을 수밖에 없습니다.

우리나라는 다른 어떤 나라보다 자녀양육에 대한 열정이 높습니다. 특히 교육열은 세계 1위라고 할 만큼 대단합니다. 주변 어머니들에게 많이 듣는 이야기 중 하나가 '아이들 학원비 때문에 일을 다닌다'는 것입니다. 아이에게 최선을 다해 더 좋은 것으로 해주고 싶은 마음이 부모의 마음입니다. 그런데 자녀에게 필요한 것이 학원비나 더 좋은 어떤 것이 아니라 부모와 함께하는 시간이라는 것을 잘 모릅니다. 부모와 자녀가 함께하는 시간이 얼마나 귀한 것인지 모릅니다. 특히 자녀가 어릴수록 부모와 함께하는 시간은 정서적인 능력뿐만 아니라 지능적인 능력에 많은 영향을 준다는 것을 인정하지 않습니다.

지금 우리 사회는 자녀의 학원비 때문이 아니더라도 맞벌이를 해야 하는 가정들이 늘어나고 있습니다. 우리 가정도 맞벌이를 하고 있습니다. 그만큼 직장생활 때문에 자녀와 함께하는 시간이 줄어들고 있습니다. 앞 장에서도 이야기했듯이 대화하는 시간이 점점 줄어들고 있습니다. 하지만 걱정하지 마십시오. 하루에 30분을 투자하면 자녀와의 마음을 나눌 수 있습니다. 그 시간이면 충분합니다. 그렇게 하기 위해서 필요한 것이 있습니다.

하루 30분으로 자녀와 마음나누기

먼저, 집중입니다. 자녀와 함께하기로 정한 30분을 오롯이 자녀에게 집중해야 합니다. 퇴근하고 피곤한 몸이더라도, 쌓여있는 잔업이 있더라도 자녀에게 집중해야 합니다. 내 아이에게 집중하지 않으면 마음을 나눌 수 없습니다. 집중하면 부모의 눈에 아이의 움직임이 보입니다. 바로 관찰을 할 수 있습니다. 하루, 이틀 아이를 관찰하다보면 자녀의 아주 작은 변화를 감지하게 됩니다. 그 것을 알아차렸을 때 아이에게 바로 반응을 해주면, 자녀는 부모가 자신에게 집중하고 있다는 것을 인지하고 행복을 느낍니다. '내가 부모로부터 관심을 받고 있다'고 생각합니다.

두 번째는 하루 30분 동안 자녀들과 함께 공유하는 시간을 갖는 것입니다. 우리 가족은 2년 동안 제주도로 이주해서 함께 많은 추억을 쌓았습니다. 추억이 많기 때문에 함께 마음을 나눌 수 있는 요소들이 많습니다. TV를 보거나 거리를 걸어가다가도 함께 공감할 수 있는 것들이 많아서 추억들을 이야기하며 웃습니다. 우리 가족은 지금도 함께 공유하는 추억들을 쌓기 위해서 무단히 노력합니다. 아이들이 좋아하는 것을 함께하기도 하고, 우리 부부가 좋아하는 것을 아이들이 관심을 가지기도 합니다. 우리 부부는 아이들 세대의 것들을 많이 알려고 노력하고, 아이들 또한 우리 부부 세대의 것들을 많이 알려고 합니다.

세 번째는 하루 30분 동안 아빠가 양육에 함께 참여하는 것이 좋습니다. 젊은 층으로 갈수록 맞벌이 가정이 늘지만, 부부의 양육 시간은 엄마가 월등히 많습니다. 2016년 보건복지부가 발표한 '저출산 및 고령화에 대한 국민인식조사' 결과에 따르면 20~40대 맞벌이 부부 가운데 아내가 자녀 양육에 쓰는 시간이 남편보다 2.6배나 많은 것으로 나타났습니다.[1] 아빠의 적극적인 양육이 필요합니다. 아이에게는 엄마의 손길뿐만 아니라 아빠의 손길도 필요합니다. 엄마보다 아빠가 아이의 목욕을 시켜주는 것이 좋습니다. 아빠의 체온과 심장소리를 들려주면 아이는 보다 안정감을 갖는다고 합니다. 또 아이가 어릴수록 힘이 필요한 경우가 많기 때문에 아빠가 목욕을 시켜주는 것이 좋습니다. 하루 30분, 목욕에 투자해보면 어떨까요? 우리 집은 아이들이 태어나면서부터 목욕은 계속 아빠가 담당했습니다. 남자아이들이었기 때문에 초등학교에

---

1) http://ccnews.lawissue.co.kr/view.php?ud=20180308210808143d7f4c63cc6_12

들어간 후에도 계속 아빠가 목욕을 시켜줬고, 가끔씩 삼부자가 목욕탕에 가서 서로 등을 밀어주며 마음을 나누고 있습니다. 목욕을 하면서 아이의 몸을 살피게 되고, 아이의 몸에 변화들이나 상처들을 발견할 수 있습니다. 또 신체적인 접촉을 통해서 감각을 일깨우고 자극을 주어 뇌 활성화에 큰 영향을 줍니다.

퇴근시간 이후 여러분은 시간을 어떻게 사용하고 있나요? 정말 자녀를 위해 30분 투자할 수 없나요? 요즘 저녁이 있는 삶을 위해서 정시 퇴근을 권장하고 있지만, 많은 사람들이 정시 퇴근을 하지 못합니다. 하지만 점점 정시 퇴근하는 문화가 퍼지고 있는 것은 다행입니다. 저녁에 가족과 함께할 수 있는 시간이 생겼는데도 가족과 함께하지 못하는 경우도 있다. 그 시간에 또 다른 경제적 활동을 하는 경우도 있기 때문입니다. 아빠가 자녀와 대화를 제대로 하지 못하면 가족이 공유하는 것들이 점점 없어집니다. 서로 각자의 삶을 살게 됩니다. 앞서 이야기한 것처럼 같은 집에 살고 있지만, 혼자 사는 것과 별반 다르지 않습니다. 시간이 없더라도 하루 30분을 만들어보세요. 자녀와 마주하기 힘들다면 문자 메시지나 카톡, 또 포스트 잇으로 마음을 전달해보세요. 아이들에게 부모가 관심을 가지고 있다는 것을 전달하는 것이 중요합니다. 사랑받고 있다는 것을 느끼기만 하더라도 삶의 동기부여를 해줍니다.

부모가 갖추어야 할 것들

아이와 마음을 나누기 위해서 부모가 먼저 갖추어야 할 것이 있습니다. 먼저, 자녀의 생각을 존중하는 것입니다. 큰아이가 곧잘 자신의 이야기를 했었는데, 커가면서 자신의 이야기를 담아두는 것이 보였습니다. 어느 날 큰아이와 이런 부분에 대해서 이야기를 했습니다. 큰아이는 말을 해봤자 자신의 생각보다는 엄마아빠 생각대로 하기 때문에 말하지 않는다고 했습니다. 속으로는 불만이 있지만, 이루어지지 않는다는 것이 머릿속에 저장되어버린 것이었습니다. 부모의 입장에서 이런 부분이 참 힘듭니다. 자녀의 생각을 존중하지만, 자녀의 뜻대로 가는 길이 잘못됐다고 부모가 판단이 되면 자녀의 생각대로 하도록 내버려두지 않습니다. 그리고 온갖 회유와 협박(?)을 동원해서 부모가 생각하는 길로 가도록 합니다. 그런데 정말 부모가 생각하는 그 길이 옳은 것일까요? 아이들과 이야기한다면서 내 생각만 내세우다가 믿음이 깨지는 경우가 참 많습니다. 이런 경우에 아이들의 선택으로 자신의 삶을 결정한 것이 아니기 때문에 삶에 대한 의지와 책임감이 줄어듭니다. 또 자신에게 일어나는 잘못된 것들을 모두 부모 탓으로 돌립니다. 심지어 자신의 부주의나 잘못으로 일어난 일까지 다른 사람의 탓으로 돌립니다. 자신이 선택한 것이 아니기 때문에 자신의 탓이 아니라고 생각하는 것입니다. 삶에 대한 주인의식도 사라져 버립니다.

두 번째는 약속을 지키는 것입니다. 아이들과 약속한 것을 중요하게 생각하지 않는 부모들이 있습니다. 아주 작은 것이라도 아이와 약속한 것은 꼭 지켜야 합니다. 이것은 부모와 자녀의 신뢰 문제입니다. 작더라도 약속은 약속이기 때문에, 지켜지지 않으면 부모와의 신뢰가 깨집니다. 부모가 한 말에 믿음을 가지지 않습니다. "또 거짓말을 하는구나!" 이런 인식이 심어지면 자녀는 부모와 대화하는 것에 믿음이 없습니다. 마음을 닫아 버립니다. 이런 상태에서는 결코 아이와 마음을 나눌 수 없습니다.

세 번째는 솔직함입니다. 솔직함에 있어서 부모가 가장 못하는 것이 있습니다. 바로 부모가 잘못한 것을 자녀에게 인정하고 용서를 구하는 것입니다. 이런 것들이 아주 어린 시절부터 필요합니다. 또 지속성이 있어야 합니다. 사춘기 시절에도 대화를 하려면 어린 시절부터 계속 대화를 해야 합니다. 대화를 많이 한다고 해서 사춘기가 없는 것은 아닙니다. 사춘기는 뇌의 변화 때문에 일어나는 과정이기 때문에 누구나 겪는 시기입니다. 사춘기를 겪지만 대화를 통해 보다 순조롭게 극복할 수 있다는 차이점이 있습니다.

무모한 행동을 했을 때 결과에 대한 책임을 느낄 수 있도록 하는 것도 좋습니다. 부모들 대부분이 자녀가 무모한 행동을 하려고 할 때 그것을 제지합니다. 우리 부부도 그랬습니다. 왜냐하면 그 결과가 눈에 선하기 때문입니다. 그럴 때 자녀가 부모의 마음을 헤아려주면 얼마나 좋을까요? 하지만 자녀는 그렇게 생각하지 않는다는 게 문제입니다. 자신의 생각과 행동을 믿어주지 않고 부모의 생각대로 자신을 조종한다고 생각합니다. 이런 일이 반복되면 앞에서 이야기한 것처럼 자신에게 일어난 모든 잘못을 부모의 탓으로 돌리게 됩니다. 그래서 무모한 행동을 할 때에도 크게 위험한 일이나 나쁜 일이 아니라면 자신의 일은 스스로 할 수 있도록 지켜봐 주는 것이 좋습니다. 실패하고 그것을 해결하는 것도 자녀의 인생에 있어서 좋은 경험이 될 수 있습니다. 독립심과 자립심을 키워주면 더 나은 인생을 살아갈 수 있습니다.

이제, 아이와 마음을 나눌 준비가 됐나요? 마음의 준비가 됐다면, 하루 30분 동안 아이와 마음을 나눌 수 있는 방법은 생각보다 많습니다. 다양한 놀이부터 독서, 글쓰기, 토론 등 학습적인 부분들도 할 수 있습니다. 매일 30분 동안 아이의 사고력, 창의력, 상상력, 논리력, 추리력 등을 향상시키는 인지적 자극을 줄 수 있습니다. 중요한 것은 일시적인 것이 아니라 반복과 꾸준함입니다.

3장
독서로 아이와 마음 나누기

HAPPY FAMILY

독서로 아이와 마음 나누기

독서가 자녀에게 주는 유익

예부터 사람들은 심신을 수양하고 교양을 넓히기 위해서 책을 읽었습니다. 출세나 성공을 위해 책을 읽지 않았고, 책을 읽음으로 삶의 깊은 깨달음을 얻었습니다. 창조주가 만든 그 목적에 따라 인간다운 삶을 살아가며, 그 안에서 평안과 행복을 누렸습니다.

책을 읽는 행위를 우리는 독서(讀書)라고 합니다. 우리의 선조들뿐만 아니라 세계 많은 위인들이나 저명한 사람들은 책을 가까이했습니다. 그만큼 우리의 인생에 책이 주는 유익이 큽니다. 책을 읽는 것이 좋다는 것을 누구나 알고 있습니다. 하지만 지금 우리 사회에서 책을 읽는다는 것은 결코 쉽지 않습니다. 목회데이터

연구소에 따르면, '2021년 국민 독서실태조사 결과'라는 설문조사를 발표했습니다. 우리나라 성인의 연간 종합 독서율은 48%로 약 2명 중 1명꼴로 나타났는데, 이는 2019년 56%에서 8%p 줄어든 수치입니다. 성인의 연간 종합 독서량은 5권으로 2019년 8권에서 무려 3권이 줄어든 것으로 나타났고, 독서량이 점점 더 줄어드는 현상을 보입니다. 지난 2년간 독서량 변화의 특징을 보면, 성인의 감소율이 가장 컸고, 학생 중에서는 특히 초등생의 독서량이 87권에서 67권으로 현저하게 줄어 들었습니다.

책을 읽기 어려운 이유가 다양했지만, 일이나 공부 때문에 시간이 없다는 이유가 가장 많았습니다. 초등학생에서 중학생이 되면서 독서량이 줄어드는 것은 학교공부의 영향 때문이라고 볼 수 있습니다. 성인의 경우도 특히 직장생활을 하면서 어린 자녀를 키우고 있다면 더욱 그럴 것입니다. 여기에 스마트폰의 영향도 상당할 것입니다. 그럼에도 독서가 좋다는 것을 알기에 부모는 책을 구입하고, 시간을 쪼개어 자녀에게 책을 읽어줍니다. 부모가 자녀에게 책을 읽어주는 것은 자녀에게 좋은 영향을 주는 것과 더불어 부모에게도 유익합니다.

책을 읽는다는 것은 단순히 정보를 습득하는 것에 머물지 않고, 저자의 가치관이나 생각, 감정 등을 그대로 전달받습니다. 그래서 책 한 권이 사람을 변화시키기도 합니다. 이것이 책의 힘입니다. 그런 의미에서 독서는 아이와 마음나누기에 좋은 매개체가 될 수 있습니다. 책은 우리가 일상생활에서 경험한 것을 다시 한 번 추억할 수 있도록 하고, 직접 경험하지 못하는 것은 간접적으로 경험할 수 있도록 합니다. 그래서 부모와 자녀가 함께 읽으면 그 안에 담겨진 모든 것을 서로 공유하고 각자 생각하고 느끼는 것을 나눌 수 있습니다. 독서가 주는 유익이 많지만, 그 중에서 아이와 마음을 나눌 수 있다는 것이 가장 큰 유익입니다. 그런 의미에서 부모와 자녀가 서로 대화가 부족하고, 자녀가 어떤 생각을 하고 있는지 도대체 모르겠다는 부모라면 독서를 통해 아이와 마음나누기를 시작하면 좋습니다.

책을 통해 아이와 마음나누기는 연령에 따라 접근하는 것이 다릅니다. 미취학생, 초등학교 저학년(1-3학년), 초등학교 고학년(4-6학년), 청소년으로 나눌 수 있습니다. 각 연령별로 인지능력이나 어휘력, 읽기 속도 등이 다르기 때문에 아이의 상황에 맞게 독서를 하는 것이 중요합니다. 예를 들어, 초등학교 저학년이라고 하더라도 책을 읽는 수준이 부족하다면 미취학생의 방법으로 접근하는 것이 좋습니다. 반대로 책을 읽는 수준이 월등하다면 저학년이라고 하더라도 고학년의 방법으로 함께 책을 읽어도 좋습니다. 아이마다 다르기 때문에 부모가 아이의 책 읽는 수준이 어느 정도인지 파악하는 것이 필요합니다.

미취학 자녀의 독서

언제부터인지 모르지만, 오래 전부터 아이가 생기면 태아에게 좋은 영향을 주기 위해서 산모는 태교에 신경을 썼습니다. 그래서 마음을 바르게 하고 언행을 삼갔으며 먹는 음식도 가렸습니다. 우리 부부에게 첫째 아이가 생겼을 때에는 부모의 목소리를 들려주는 것이 좋다고 해서 태교음악이나 태교동화가 유행이었습니다. 어린 시절 읽어보고 20년 이상 보지 않았던 동화책을 직접 사서 아내의 배에 대고 책을 읽어주기도 했습니다. 아이가 태어나서는 아직 말을 하지도 못했을 때에도 열심히 그림책을 보여주며 책을 읽어주던 때가 생각납니다. 아직 뭘 모르는 때였지만, 책을 읽어주면 아이의 두뇌발달에 영향을 주고 똑똑해진다는 말을 들었기 때문이었습니다. 아이가 말을 하기 시작하면서 많은 지식을 전해주기 위해서 자연관찰, 옛이야기, 세계명작동화 등 다양한 전집을 책장에 채웠습니다. 시간이 될 때마다 아이에게 책을 읽어주었고, 아이는 책을 장난감처럼 가지고 놀았습니다. 지금도 많은 미취학 자녀를 둔 가정에서 이렇게 하고 있을 것입니다.

책과 관련된 일을 하다 보니 자연스럽게 독서와 관련된 여러 부분을 교육받고, 또 나름대로 좋은 방법들을 생각했습니다. 아이를 위해서 했던 행동이 좋지 않은 영향을 줬던 것도 있고, 그때는 미처 몰라서 실천하지 못했던 것도 있었습니다. 아이와 함께 책을 읽고 싶지만 어떻게 해야 하는지 몰라서 헤매고 있는 부모도 있을 것입니다. 이런 부모에게 조금이나마 도움을 주고 싶습니다. 더불어 독서를 통해서 아이와 마음을 나누기까지 할 수 있다면 이보다 더 좋은 것이 있을까 싶습니다. 아이가 말을 시작하면 얼마 되지 않아 완벽한 문장을 구사할 뿐만 아니라 어휘력이 상당히 늘어납니다. 유아기까지 어휘력이 대략 1만 개 정도가 된다고 합니다. 간단한 것을 묻고 답할 수 있기 때문에 독서를 통해 마음나누기를 충분히 할 수 있습니다. 인지능력이 발달하고, 내용을 파악할 수 있는 시기이기 때문에 책을 읽고 자신이 느낀 점과 생각하는 것을 부모와 이야기할 수 있습니다. 부모가 꾸준히 책을 읽어주면 아이는 그 역량에 따라 어휘력이 늘어납니다. 규칙적이고, 반복적인 것이 중요합니다.

6-7살이 되면 많은 아이들이 글을 깨우칩니다. 이때가 되면 많은 부모들이 책 읽어주는 것을 멈추고 혼자 읽도록 합니다. 혼자 책을 읽도록 하는 것도 좋지만, 부모가 책을 읽어주는 것을 멈추면 안 됩니다. 아직 책을 읽는 것이 자리를 잡지 않았기 때문에 초등학교 저학년 때까지 읽어주는 것이 좋습니다. 또 좋아하는 책을 자주 봅니다. 간혹 다른 책은 읽지 않고 책 한 권만 계속 본다고

속상하게 생각하는 경우가 있으나, 염려할 필요가 전혀 없습니다. 반복하면 친숙해지기 때문에 어릴수록 자신이 좋아하는 책만 보려고 합니다. 아이들마다 어떤 책은 수백 번 읽은 책도 있습니다. 예를 들어, 공룡을 좋아하는 아이는 공룡 책만 봅니다. 또 공주를 좋아하는 아이는 공주가 나오는 책만 봅니다. 하지만 시간이 지나면서 흥미를 가지는 것들이 변하면서 좋아하는 책도 여러 번 바뀝니다. 이 시기에 책 선정은 아이가 좋아하는 것을 읽도록 하면 됩니다. 부모는 다양한 지식을 쌓도록 이것저것 읽을거리를 주지만, 책읽기에 흥미를 잃어버릴 수 있습니다. 이 시기에는 책읽기가 재미있고 즐겁다는 것을 느낄 수 있도록 해야 합니다. 독서가 하나의 놀이가 되도록 해야 재미있게 책을 읽습니다.

어떤 아이는 유독 책읽기를 싫어합니다. 부모는 아이가 책을 읽기를 바라고 아이는 부모의 바람대로 되지 않을 때 얼마나 안타깝고 마음이 아플지 상상이 됩니다. 그 정도가 너무 심하면 화가 나기도 할 것입니다. 그때에는 부모가 지속적으로 책을 읽어주고, 부모가 책을 읽는 것을 모습을 보여주면서 동기유발을 시키는 것이 좋습니다. 독서는 환경이 참 중요합니다. 부모가 책을 읽지 않으면서 아이가 책을 많이 읽는 것을 원한다면 어불성설이 아닌가요? 책을 읽으면 뭘 해줄게 하고 거래를 하는 방법은 추천하지 않습니다. 아이들이 책을 쉽게 접할 수 있도록 주변 환경을 바꿔주고, 독서가 유익하고 재미있다는 것을 말이 아니라 부모가 직접 행동으로 보여줘야 합니다.

책읽기 수준이 높아지면 조금 더 글줄이 많은 책을 고릅니다. 그러면 자연스럽게 모르는 단어들이 나옵니다. 이때 곧바로 단어의 뜻을 말해주는 것보다 글의 흐름상 어떤 의미일 것인지 물으면 좋습니다. 아이가 비슷한 뜻을 이야기하든 그렇지 않든 자연스럽게 넘어갑니다. 이렇게 하는 이유는 아이가 책을 읽으면서 계속 사고할 수 있도록 훈련시키는 것입니다. 글을 읽는 것에서 그치지 않고 읽으면서 사고하는 훈련이 되면 학교에서 가서 교과서나 책을 읽을 때 많은 도움이 됩니다. 아이가 단어의 뜻과 아주 거리가 먼 이야기를 했을 때는 다시 그 책을 읽을 때 부모가 바르게 이야기해주면 되기 때문에 꼭 정확한 뜻을 전달해야 된다는 생각을 안 해도 됩니다. 이렇게 아이가 사고할 수 있는 기회를 주도록 노력해야 합니다. 직접 이런 상황이 되면 정확하게 알려주고 싶은 마음이 들기 때문에 쉽게 넘어가기가 힘듭니다. 부모가 아이에게 생각할 시간도 주지 않고 정답을 즉각적으로 말해주면 아이는 스스로 생각하지 않고 부모가 곧바로 해결해주길 원합니다. 이것은 아이의 사고력 증진에 전혀 도움이 되지 않습니다.

글줄이 많아지는 책과 함께 맞춤법이 어려운 글도 많아집니다.

몇 해 전에 받침이 없는 책이 나왔는데, 책을 처음 읽기 시작하는 아이들에게 참 좋은 책입니다. 부담 없이 책을 읽는 자신감이 생겨 책읽기를 할 수 있습니다. 이렇게 적응이 된 아이들은 보다 어려운 맞춤법이 있는 책들도 자신감을 가지고 읽을 수 있습니다.

큰아이는 어릴 때부터 책을 많이 읽어줘서 그런지 책읽기가 상당히 빨랐습니다. 지금도 책을 곧잘 읽습니다. 반면 둘째 아이가 어렸을 때 큰아이보다 책을 읽어주는 시간이 부족했습니다. 그래서인지 글을 깨우치고 혼자 책을 읽을 때에 큰아이보다 어려워했습니다. 특히 책을 많이 접했던 큰아이보다 작은아이가 맞춤법에 약했습니다. 책을 읽어주는 시간이 부족하면, 책 읽는 규칙을 정하면 됩니다. 잠자기 전에는 항상 책 한 권을 읽는다든지, 매주 주말을 이용해서 책을 읽어준다고 아이와 함께 정하면 됩니다. 또 특별한 날, 특별한 책을 선물하거나 구입하는 규칙을 정하면 됩니다. 이렇게 직접 책을 구입하고 읽는 규칙을 정하면 아이들은 책을 즐겨 읽게 됩니다. 지금도 아이들은 직접 읽고 싶은 책이 있으면 인터넷서점에서 책을 찾아서 장바구니에 담아놓고 아빠에게 구입해달라고 합니다. 책이 오면 대부분 그날 다 읽습니다. 그리고 한 달 사이에 여섯 번 정도 읽습니다.

미취학 시기에 부모가 아이에게 책을 읽어줄 때는 아이가 흥미를 가질 수 있도록 놀이처럼 하면 좋습니다. 동화구연 하듯이 책에 등장하는 인물을 다양하게 흉내를 내면 아이들의 집중력이 좋아집니다. 또 재미를 느낍니다. 책에 반복적으로 나오는 구절이나 단어가 있다면 아이들에게 자연스럽게 따라하도록 시키는 것도 좋은 방법입니다.

  유아기에는 책읽기를 10분 이내로 끝내는 것이 좋습니다. 집중하는 것이 짧기 때문에 장황하게 설명하기보다는 책의 내용에 충실히 이야기합니다. 보통 아이들은 책을 한 번만 보지 않기 때문에 처음에 책 내용을 완전히 파악하지 않아도 좋습니다. 몇 번 반복해서 책을 읽으면 자연스럽게 내용을 파악하게 됩니다. 아이가 어느 정도 책 내용을 파악했다고 생각이 되면 책을 읽으면서 여러 가지 질문을 던져보세요. "너라면?" "무슨 생각이 들어?" "어떻게 할까?" "뭘 이야기하는 것일까?" 스스로 생각할 수 있는 시간을 주고, 아이의 마음을 알 수 있도록 질문합니다. 아이는 자신의 생각을 이야기하고 부모는 아이의 마음을 읽을 수 있습니다.

저학년 자녀의 독서
  아이가 초등학교에 들어가면 본격적으로 스스로 책을 읽습니다. 책을 읽는 것이 익숙해진 아이들은 책 읽는 속도가 빨라집니다. 많은 아이들이 미취학 때 소리를 내서 읽지만, 읽기 속도가 빨라지면서 소리 내서 읽지 않고 눈으로만 봅니다. 이렇게 눈으로만 볼 때 주의할 점은 많은 아이들이 정독하지 않고 훑어 읽는다는 것입니다. 부모들은 아이들이 책을 읽을 때 어떻게 읽는지 제대로 알 수 없습니다. 훑어 읽기가 나쁜 것은 아니지만, 정독하는 것을 충분히 익힌 후에 훑어 읽는 것이 좋습니다. 정독을 제대로 하지 않고 훑어 읽기만 하게 되면 책의 내용을 정확하게 인지하지 못하기 때문입니다. 때로는 책의 내용을 제대로 파악하지도 못하고 책만 읽었다고 생각하는 경우도 있습니다. 책을 많이 읽지만, 책의 내용을 모르는 아이들이 의외로 많이 있습니다. 그래서 초등학교 저학년 때까지는 책을 소리 내어 읽고, 책의 내용을 이야기할 수 있도록 하는 것이 좋습니다. 이때 국어책을 읽듯이 하지 않고 감정과 느낌을 살려서 실감나게 읽도록 하면 독서가 지겹지 않습니다. 학교에서도 수업시간에 이와 같은 학습을 합니다. 이런 학습을 학교에서만 하는 것에 그치지 않고, 가정에서 부모가 보다 적극적으로 도와준다면 아이에게 많은 도움이 될 것입니다.

요즘은 학교에서나 가정에서 현장체험학습의 기회를 많이 만들어 아이들이 다양한 경험을 할 수 있도록 합니다. 하지만 아이들이 모든 것을 직접 경험할 수 없고, 제한적인 것들이 많습니다. 이 시기에 다양한 분야의 책을 접하다보면 보다 많은 간접경험을 할 수 있습니다. 알고 보이는 만큼 생각하기 때문에 사고력이 높아지는 시기이기도 합니다. 책을 통해 간접경험이 많은 아이들이 다양한 시각으로 문제를 직시하고 해결하기도 합니다.

둘째 아이는 유독 제복을 입은 직업군에 관심이 많았습니다. 저학년부터 군인, 경찰, 소방관 등에 관한 책들을 많이 읽었습니다. 이 분야의 책을 섭렵한 작은아이는 다양한 분야의 사람들과 직접 이야기를 할 정도로 많은 정보를 알고 있었습니다. 이후에 다양한 직업군에 대한 책들로 넓히면서 뉴스에서 직업에 대한 이야기가 나올 때 우리 부부와 이야기를 나누기도 했습니다. 또 읽고 싶은 책들을 직접 골라 읽기도 했습니다. 가끔 어려운 책을 골라서 앞 부분만 읽다가 보지 않은 책도 있지만, 스스로 책을 읽으려고 합니다.

국어책에 수록된 내용은 교과서 뒷 부분에 어떤 책에서 발췌했는지 기록되어 있습니다. 이 책들을 아이와 함께 구매해서 읽으면 학습할 때에도 많은 도움을 줍니다. 이 외에 각 학년마다 추천도서가 있지만 아이에게 맞는 책을 찾는 것이 좋습니다.

아이가 관심을 가지는 주제에 맞는 책을 찾아서 읽는 것도 좋은 방법입니다. 책을 혼자 읽지만, 소리를 내어서 읽도록 합니다. 소리를 내어 읽으면 훑어볼 수 없고, 정독하게 됩니다. 부모도 아이가 읽는 책을 읽어서 같은 책에 대해서 함께 이야기합니다. 또 아이가 설명하게 합니다. 점점 분량을 늘려가면서 글줄을 늘려갑니다. 저학년 때에 조금씩 책의 분량을 늘려가야 고학년이 되어서 두꺼운 책을 읽을 수 있습니다. 책에는 여러 장이 있는데, 이 시기에 하루, 이틀에 걸쳐 읽는 연습을 합니다. 이렇게 해서 두꺼운 책을 읽게 되면 책에 대한 두려움이 사라집니다.

이 시기에 주의해야 할 점은 바로 만화입니다. 요즘 학습만화가 많이 나와 있는데, 이 시기에 학습만화를 많이 보면, 일반 책을 읽기 어려워집니다. 대부분 아이들은 학습만화를 읽기 시작하면서 대사나 설명하는 글을 멀리하게 됩니다. 그림만 보더라도 대충 이야기의 흐름을 알 수 있기 때문에 정독하지 않습니다. 뒷이야기가 궁금해서 그림만 보면서 넘어갑니다. 그래서 대개 학습만화의 경우 아이들이 짧은 시간에 여러 권을 읽습니다.

또 하나는 이 시기에 책을 산더미처럼 쌓아놓고 읽는 아이가 있습니다. 부모들은 책을 많이 읽는다고 좋아하겠지만, 한 번에 여러 권의 책을 읽으면 우리 뇌는 과부하가 걸립니다. 당시에는 책의 내용을 안다고 생각하지만, 시간이 조금만 지나도 잊어버립니다. '에빙하우스의 망각곡선'이라는 학설이 있습니다. 뇌에 정보가 들어간 후 20분이 지나면 정보의 약 42%를 잊고, 1시간 후에는 약 56%, 하루가 지나면 약 74%를 잊는다고 합니다. 우리 뇌가 한 번에 처리할 수 있는 분량이 제한되어 있어서 계속 새로운 정보가 들어오면, 앞에 들어왔던 정보는 다 버립니다. 그래서 짧은 시간에 많은 책을 읽으면 그 내용은 아이의 머릿속에 들어가지 않습니다. 한 권의 책을 여러 번 읽으면 뇌가 중요한 정보라고 인식해서 단기기억에서 해마를 통해 장기기억으로 저장을 합니다. 이런 경우 여러 권의 책을 한 번에 읽어도 아이의 머릿속에 저장됩니다.

고학년 자녀의 독서

초등학교 고학년이 되면, 어휘력이 급증합니다. 이 시기에는 독서의 차이가 곧 어휘력의 차이로 나타납니다. 어휘력이 좋아지면 말하기나 글쓰기에 상당한 영향력을 줍니다. 또 전문적인 책들을 읽을 수 있는 수준까지 이르게 됩니다. 독서의 깊이가 생기게 되고 그에 따른 사고력을 키울 수 있습니다. 하지만 고학년이 되면 저학년 때보다 책을 읽지 못합니다. 그 이유는 모두 짐작하겠지만, 공부 때문입니다. 저학년까지 학원을 보내지 않던 부모도 학원을 보내기 시작합니다. 아이들이 학원과 학습에 시간을 빼앗겨 상대적으로 책을 읽는 시간이 부족합니다. 그래도 아직 초등학생이기 때문에 학교에서나 집에서 꾸준히 독서할 수 있는 시간은 만들 수 있습니다.

이 시기는 어느 정도 논리적인 사고를 할 수 있습니다. 학교에서도 고학년이 되면 토론수업과 자기 주장하는 법을 배웁니다. 그래서 이 시기에 고전인문학을 읽으면 큰 도움이 됩니다. 초등학생을 위한 인문학 도서들도 많이 나와 있습니다. 그런데 아이들은 이 시기에 추리소설이나 탐정, 모험과 판타지 분류의 책들을 좋아합니다. 많은 가정에서 부모와 아이들이 책 선정에 있어서 충돌이 일어나는 시기가 이때입니다. 좋은 방법은 아이가 읽고 싶은 책을 2권 읽으면, 부모가 추천하는 책을 1권 읽도록 조율하는 것입니다. 강압적으로 부모가 원하는 책만 읽게 하면 아이는 아예 책을 읽지 않습니다. 부모가 추천하는 책을 왜 읽어야 하는지 잘 설명해 주고 강압적이지 않는 방법으로 책을 읽도록 안내해야 합니다. 또 부모가 독서하는 습관을 가져야 합니다. 부모가 책을 읽는 분위기를 만들어 자연스럽게 아이들도 책을 읽는 분위기가 되면 좋습니다. 부모가 책을 읽지 않으면서 아이만 책을 읽는 것을 원한다면 그대로 되지 않습니다. 부모의 독서습관이 자녀의 독서습관으로 이어집니다.

책을 읽고 나서 책마다 스티커를 붙여서 어떤 미션을 주거나 시각적으로 책을 이만큼 읽었다는 것을 보여주어 아이에게 자신감과 뿌듯함을 느끼게 해주는 것도 좋습니다. 부모도 아이가 어떤 책을 읽었는지 알 수 있고, 함께 읽고 이야기를 나눌 수도 있습니다. 초등학교 고학년이 되면 상당한 분량의 두꺼운 책도 읽을 수 있습니다. 두꺼운 책을 읽을 수 있도록 해야 독서하는 데에 어려움을 느끼지 않습니다. 수능시험을 보면 어떤 과목이든 문제를 풀기 위해 긴 지문이 주어집니다. 특히 국어는 지문이 상당히 길기 때문에 시간이 모자라는 경우가 종종 생긴다고 합니다. 어릴 때부터 글줄이 많은 것에 익숙하면 긴 지문을 빨리 읽고 내용을 파악하는 데 도움을 줍니다.

청소년 자녀의 독서

초등학교 때 1년 동안 평균 67.1권의 책을 읽는 아이들이 중학생이 되면 18.5권, 고등학생이 되면 8.8권으로 독서량이 줄어듭니다. 공부하는 시간이 상대적으로 늘기 때문에, 마음 편하게 책을 읽을 시간이 없습니다. 책을 읽는 경우에도 자신이 좋아하는 책을 읽기보다는 입시를 준비하기 위해서 필요한 책 위주로 읽는 경우가 많습니다. 마음의 여유가 없기 때문에 어떤 책을 읽어야 할지 잘 모르는 경우가 많습니다. 자신에게 맞는 책을 고르는 것도 어렵게 생각합니다. 이때는 학교마다 도서관에 청소년을 위한 추천 도서를 활용할 수 있습니다. 다양한 분야를 읽을 수 있고, 관심 분야에 대해서는 전문적인 지식도 습득할 수 있습니다.

뇌과학에 따르면 청소년 시기는 다른 시기(유아, 아동, 성인)와

다르다고 합니다. 이 시기에는 호르몬이 과다 분비되어 변연계에 도파민의 수치가 높아져 감정적으로 예민하고 민감합니다. 반대로 이성적이고 합리적인 방법으로 판단할 수 있는 전두엽이 큰 공사를 하고 있어서 제대로 작동하지 않는다고 합니다. 신체적으로는 성인의 모습이지만, 아직 내적으로는 완성단계에 이르지 못한 상태입니다. 어떤 학자들은 이것을 컴퓨터에 빗대어 최신사양을 갖추었지만 CPU가 386센서인 상태가 바로 청소년 시기라고 말합니다. 이런 아이들에게 합리적이고 논리적인 행동을 바라는 것이 큰 무리일 수도 있습니다. 부모의 입장에서 못마땅하고 화가 날 수밖에 없는 것은 바로 이런 차이 때문입니다. 큰 아이가 사춘기를 시작할 무렵, 참 많은 불협화음이 있었습니다. 지금도 계속 사춘기지만, 상당 부분 해소가 되어가고 있습니다. 어느 날, 아이에게 이런 질문을 했습니다. "너의 생각은 뭐니?" "너는 어떻게 생각해?" 그랬더니 아이가 의외의 대답을 했습니다. "나도 나에 대해서 잘 모르겠어요." 사춘기가 바로 이런 시기입니다. 그래서 특히 이 시기에 부모가 아이와 마음을 나누기 위해서는 이성적인 접근보다는 마음을 알아주는 감정적인 접근을 하는 것이 좋습니다.

청소년 시기의 독서는 전두엽이 대대적인 공사를 하는 동안 공사가 잘 될 수 있도록 지원하는 역할을 합니다. 인문학, 특히 고전을 읽게 되면 전두엽이 발달하게 됩니다. 고전은 독자로 하여금

단순히 정보를 받아들이는 것에서 그치지 않고, 생각하고 또 생각할 수 있도록 하기 때문입니다. 여기에 부모가 감정을 수용하고 인정하는 접근을 하면 의외로 쉽게 마음을 나눌 수 있습니다.

유대인의 교육 방법, 하브루타

아이와 마음나누기에 앞서 하브루타를 이야기하는 것은 하브루타가 마음 나누기의 중심이 되기 때문입니다. 하브루타는 '짝을 지어 질문하고 대화하고 토론하고 논쟁하는 것'을 말합니다. 즉 '함께 이야기를 나누는 것'을 의미합니다. 부모와 자녀, 교사와 학생, 친구, 동료 등 이야기를 나눌 수 있는 상대라면 모두와의 사이에서 하브루타가 이루어집니다. 이야기를 진지하게 주고받으면 질문과 대답이 되고 곧 대화로 이어지며 거기서 더 전문화되면 토론과 논쟁이 됩니다. 가정에서, 학교에서, 도서관에서, 어디서든지 짝을 지어 대화, 토론, 논쟁할 수 있습니다. 가정의 식탁에서도 하브루타가 가능하고, 놀이터나 작은 공간에서도 가능합니다. 두 사람이 짝을 지어서 이야기할 수 있는 곳이라면 어디서든지 하브루타를 할 수 있습니다.

우리나라에 하브루타를 본격적으로 소개된 시기는 2012년입니다. 전성수 박사가 「자녀교육 혁명 하브루타」(전성수, 두란노, 2012)와 「부모라면 유대인처럼 하브루타로 교육하라」(전성수, 예담, 2012)에서 하브루타를 소개하면서 많은 부모로부터 관심을 받기 시작했습니다. 유대인들은 하브루타를 통해 생각의 장을 열어주고, 성장할 수 있도록 합니다. 이는 곧 창의성과 연결되며 이러한 창의적인 생각들로 사회의 다양한 분야에서 두각을 나타내고 있습니다. 유대인들이 인구가 적음에도 다른 민족들보다 노벨상이나 경제, 정치, 예술, 문학 부분에서 두각을 나타내는 것이 바로 하브루타의 힘이라는 사실이 알려지면서 전 세계적으로 유대인의 하브루타 교육이 많이 확산되고 있습니다.

하브루타 교육에 앞서 유대인의 교육 방법을 우리나라에 전달한 사람은 현용수 박사입니다. 현 박사는 '탈무드식 논쟁법'을 소개하며 질문과 토론 중심의 방법을 제시했습니다. 질문과 토론의 방법으로 이루어진 것이 바로 '탈무드'입니다. 하브루타는 탈무드식 논쟁법입니다. 유대인들은 질문을 가장 중요한 덕목이라고 생각합니다. 그래서 정답을 이야기하는 것보다는 어떤 질문을 했는지를 더 중요하게 생각합니다. 유대인 부모들은 '학교에서 뭘 배웠니?'라는 말보다 선생님에게 '어떤 질문을 했는지'를 물어봅니다. 또 항상 아이에게 질문을 던집니다. 유대인의 하브루타는 아이가 궁금해 하는 것에 대해 즉각적으로 정답을 알려주는 것을 금기합니다. 대신 아이의 질문에 대해 부모가 다시 반문하여 아이가 스스로 생각하도록 이끌거나, 아이와 함께 책을 찾아보면서 그 질문의 주제와 관련된 대화를 계속 이어갑니다. 스스로 답을 찾을 수 있도록 이끌어 줍니다. 질문하는 방법과 그에 따른 해결책을 찾아내는 것이 몸에 베이면, 일평생 자기주도학습을 이끌어갈 수 있습니다. 아이가 이런 습관을 갖게 하기 위해서는 부모의 노력이 필요합니다. 유대인은 부모가 되어서도 자기 공부를 게을리하지 않는 이유가 여기에 있습니다.

하브루타에서 중요한 것은 솔직하게 대답하는 것입니다. 모르면 모른다고 이야기하고, 자신의 생각과 감정에 대해서 그대로 표현합니다. 또한 질문에만 대답함으로서 논지를 흐리지 않게 합니다. 즉, 한 가지 주제에 대해서 솔직하게 서로의 생각을 이야기하는 것이라고 생각하면 됩니다. 그 주제가 학식에 대한 것일 수도 있지만, 사소한 이야기일 수도 있습니다. 자녀의 일상생활에 대한 이야기, 학교 친구들에 대한 이야기, 아빠의 직장 이야기 등 가족과 관련된 이야기들을 주제로도 하브루타를 할 수 있습니다. 하지만 일상적인 이야기라고 해서 다음과 같은 대화를 한다면 이것은 하브루타라고 할 수 없습니다.

"밥은 먹었어?" "네."
"학교에는 별 일 없지?" "네."
"공부 열심히 해라." "네."

하브루타의 핵심은 질문하는 방법입니다. 우리나라의 부모와 자녀와의 대화는 주로 지시와 요구입니다. 또는 단답형의 대화만 이루어집니다. 다시 말해서 쌍방의 대화가 아니라 일방적인 명령과 잔소리인 경우가 많습니다. 하지만 하브루타는 질문을 통해 아이의 마음과 생각을 듣는 것입니다. 또한 부모의 마음과 생각을 아이에게도 전할 수 있습니다. 솔직한 마음을 내놓음으로 서로의 마음을 확인하는 대화의 방법이기도 합니다. "그때 기분이 어땠니?" "왜 그렇게 행동을 한 거니?" "너의 생각은 어떠니?" "네가 그런 행동을 할 때 나는 기분이 이렇다." 상황에 대한 자신의 생각과 감정을 묻고 대답하는 것이 바로 하브루타입니다. 하브루타는 토론과 논쟁을 하지만 정답이라고 할 만한 결론이 없습니다. 배움의 결과가 정답이 아니라 자신만의 답을 찾아가는 배움의 과정을 즐기는 것이 하브루타입니다. 정답을 찾는 것보다 자신의 생각을 상대방에게 진솔하게 이야기하는 것이 더 중요합니다. 주제에 대한 자신의 생각의 깊이와 넓이를 확장하는 것이 하브루타의 목적이기 때문입니다.

하브루타를 통해서 부모나 자녀들이 습득할 수 있는 것은 바로 경청입니다. 대화에서 경청, 집중해서 듣는 것은 굉장히 중요합니다. 자신의 이야기에만 몰두하다 보면 대화가 이어지지 않습니다. 하브루타는 주제를 가지고 논쟁을 해야 하기 때문에 자신의 이야기뿐만 아니라 상대방이 어떤 논지를 가지고 이야기하는지 잘 들어야 합니다. 그렇지 않으면 상대방의 이야기에 반문을 할 수 없기 때문입니다. 경청을 하면서 상대방에 말에 대응할 것들을 끊임없이 생각하기 때문에 뇌의 활동이 활발하게 이루어집니다. 뇌가 활발하게 움직인다는 것은 그만큼 뇌에 자극을 주는 것이고, 그만큼 뇌 발달에 많은 도움을 주기도 합니다. 경청하는 훈련이 생각의 깊이를 깊게 하고, 이런 활동이 지속될 경우에는 생각의 폭도 함께 넓어집니다. 한 차원 넘어서 융합의 단계까지 이르게 되면 창의력도 키울 수 있습니다.

전 박사는 하브루타는 의사소통 능력, 경청 능력, 설득 능력을 기르는데 가장 효과적인 방법이라고 소개합니다. 최근 들어 의사소통과 관계의 중요성이 점점 부각되고 있습니다. 하브루타는 그 자체가 대화와 토론이기 때문에 의사소통 능력은 자연스럽게 향상됩니다. 저절로 다른 사람의 말을 경청할 수밖에 없고 다른 사람을 설득할 수 있는 능력까지 길러진다고 강조합니다. 유대인들은 어린 시절부터 계속 하브루타를 하기 때문에 더욱 창의적인 생각들을 이끌어 낼 수 있습니다.

유대인의 하브루타의 중심은 바로 가정입니다. 특히 유대인의 식탁은 하브루타의 꽃이라고 할 수 있습니다. 유대인에게 식탁은 단순히 음식을 먹는 자리가 아니라 가족들끼리 대화를 이루는 곳입니다. 식탁에서 일상생활과 생각, 감정들이 다 쏟아져 나옵니다. 그래서 식사시간이 우리나라보다 훨씬 깁니다. 우리나라의 식사 자리와는 다르게 굉장히 시끄럽습니다. 특히 자녀들의 이야기를 아무런 편견 없이, 경청해서 들어주기 때문에 식사시간에 자기도 모르게 쌓였던 스트레스가 풀린다고 합니다. 마음속에 좋지 않은 감정들이 쌓이지 않습니다. 가장 가까운 가족과 소통을 하지 못하면, 아이는 밖에서도 다른 사람들과 소통을 하기 힘들어 합니다.

하브루타는 2명씩 짝지어 대화와 논쟁을 하는 것입니다. 3명이나 4명도 함께 대화하는 것도 가능하지만, 사람이 늘어나는 만큼 자신이 이야기하는 시간이 줄어들고 다른 사람의 이야기에 집중하는 시간도 짧아집니다. 2명이 짝을 지었기 때문에 반절은 자신의 생각을 이야기하고, 나머지는 상대방의 이야기에 귀를 기울입니다. 하브루타를 하는 시간은 버리는 시간이 없습니다. 이렇게 한 명이 다른 한 사람을 일방적으로 교육시키는 관계가 아니라 서로 이야기하기 때문에 수동적인 관계로 임하는 사람은 아무도 없습니다. 이 말은 하브루타를 하는 사람들은 모두 능동적으로 자신이 할 이야기 거리를 찾아야 한다는 것입니다. 즉 하브루타는 스스로 책을 읽거나 자료를 조사해야 하는 자기주도적 학습으로 이어질 수 있습니다. 또한 자신의 생각과 말에 책임감을 가질 수 있도록 하기도 합니다. 이것은 자신뿐만이 아니라 상대방도 동일하게 적용됩니다. 그래서 하브루타의 짝은 서로에게 영향을 끼치고, 영향을 받는 관계가 됩니다. 이것은 부모와 자녀와의 관계도 마찬가지입니다. 일대일로 대화하는 것은 자녀뿐만 아니라 부모에게도 영향을 끼칩니다.

하브루타는 질문을 묻는 질문으로 시작되고, 질문을 위한 질문에 멈춰서는 안 됩니다. 전성수 박사는 질문하는 방법을 다음과 같이 제시합니다. '단어의 뜻을 묻는다.' '문장의 표현에 대해 묻는다.' '느낌을 묻는다.' '문장을 유추할 수 있는 것들을 묻는다.' '비교해서 묻는다.' '상대방의 의견을 묻는다.' '상대방에게 적용할 수 있는 것을 묻는다.' '가정하여 묻는다.' '결론적이고 종합적인 것을 묻는다.' 질문은 훈련이기 때문에 스스로 이와 같은 질문을 만들어낼 수 있도록 연습해야 합니다. 반복해서 연습해야 합니다.

책으로 아이와 마음나누기

책으로 아이와 마음을 나누기 위해서는 부모가 아이와 함께 책을 읽어야 합니다. 자녀가 어릴 때는 책을 읽어주고, 글을 읽을 수 있는 시기가 되면 같은 책을 부모도 읽으면 됩니다. 부모가 책의 내용을 모른 상황에서는 결코 마음 나누기를 할 수 없습니다.

미취학인 경우에는 부모가 책을 읽어주면서 책에 나오는 다양한 상황들로 마음을 나눌 수 있습니다. 유아기의 책들은 얇기 때문에 5분 정도면 한 권을 읽을 수 있습니다. 길어야 10분이면 충분합니다. 또 인성과 교훈 등 삶의 지혜에 대한 이야기가 많습니다. 사람이나 동물들뿐만 아니라 지구의 피조물들이 주인공입니다. 부모가 주인공이 되어 흉내를 내고, 아이들이 직접 경험하지 못하는 것을 간접적으로 경험할 수 있도록 합니다. 또 자녀가 주인공처럼 흉내를 낼 수 있도록 합니다. 책을 놀이처럼 이용하면 아이는 자연스럽게 마음을 엽니다. 이때 자녀의 감정, 생각 등을 물어보세요. 자녀가 이야기하는 것을 들으면서 그 말에 공감하고, 부모가 언제든지 자녀의 말에 귀를 기울이고 있다는 것을 전하면 됩니다.

책을 읽다보면 동사들이 나옵니다. '먹다', '가다', '놀다' 등 동사를 따라해 보세요. '먹다'라는 동사에는 자기가 먹고 싶은 것들을 이야기하면서 먹는 시늉을 합니다. 표정도 진짜 먹는 것처럼 해보세요. 그러다가 실제로 먹는다면 얼마나 좋을까요. '춤을 춘다'는 동사가 나오면 일어나서 여러 가지 춤을 춰보세요. 부모가 먼저 해도 좋고, 아이가 먼저 해도 좋습니다. 함께 음악에 맞춰 춤을 추는 것으로 아이는 자신의 마음을 부모가 알아주고 있다고 생각합니다. 책에서 아픈 이야기가 나오면, 실제 자녀가 아팠을 때 이야기를 해보세요. 그때 부모의 심정이 어땠는지 이야기를 해주고,

자녀에게는 얼마나 아팠는지 그 정도를 나눠보세요. 아플 때 가장 생각이 나는 사람이 누구인지, 왜 그렇게 생각하는지 등 자녀의 마음을 들여다보기에 좋은 시간입니다. 이때 대부분의 아이들은 아빠보다는 엄마가 생각난다고 합니다. 어떤 경우에는 부모보다 할머니를 이야기하는 경우도 있습니다. 이렇게 이야기하더라도 실망하지 마세요. 아이가 생각할 때 주 양육자가 누구냐에 따라 달라지는 것이니까요.

책을 다 읽고 나서 주인공은 그 뒤에 어떻게 됐을지 상상해보는 것도 좋습니다. 대부분 책들이 해피엔딩으로 끝나지만, 가끔 슬프게 끝나는 경우도 있습니다. 주인공은 어떻게 되고, 주인공을 괴롭힌 사람은 어떻게 될 것인지 생각하면서 이야기를 해보세요. 아이의 이야기를 들으면서 아이가 어떤 마음을 가지고 있는지 부모가 알 수 있습니다. 가끔씩 남자 아이들은 얼토당토않은 이야기를 하는 경우도 있습니다. 그렇다고 하더라도 아이의 이야기를 끝까지 들어주세요. 부모보다 아이가 더 많은 이야기를 할 수 있도록 하고, 부모는 맞장구를 치고 귀를 기울여 들으면 됩니다.

아이가 글을 읽을 수 있게 되면, 부모가 책을 읽어주는 것보다 자신이 직접 책을 읽으려고 합니다. 이때 큰 소리로 책을 읽으면서 동화구연을 하듯 다양한 변화를 주어 읽을 수 있도록 독려해

보세요. 아이의 감성이 풍부해질 것입니다. 책읽기가 수월해지면, 정기적으로 가족들 앞에서 동화구연을 할 수 있도록 하면, 아이는 발표력이나 자신감이 커집니다. 자녀가 읽는 책을 부모가 읽고 함께 이야기를 해보세요. 이 시기부터는 질문과 함께 부모의 생각을 이야기하는 것이 중요합니다. 그런데 이때 주의해야 할 것이 아이에게 교훈을 줘야 한다는 생각 때문에 부모가 일방적으로 많은 말을 하지 않아야 합니다. 부모가 마음을 여는 이야기를 먼저 하고 자녀가 충분히 자신의 마음 이야기를 할 수 있도록 해야 합니다. 이런 시간들을 많이 가지면 서로 신뢰가 생깁니다.

아이가 글을 쓰기 시작하면 읽은 책을 다른 사람들에게 표현할 수 있도록 한 줄 요약을 해보는 것도 좋습니다. 왜 그렇게 생각하는지 물으면 아이가 생각할 수 있는 힘을 기를 수 있습니다. 또 아이가 어디에 가치를 두고 있는지 알 수 있습니다. 글쓰기가 처음에는 힘들지만, 하다보면 그 실력이 점차 향상됩니다. 큰아이와 작은아이는 이 시기에 200자 원고지에 10분 동안 책의 내용이나 자신의 생각을 쓰는 연습을 했습니다. 처음에는 2장을 채우기도 힘들어 했는데, 시간이 지날수록 내용도 분량도 늘었습니다.

고학년이 되고 청소년이 되면 독서를 통해 마음을 나누는 방법은 토론입니다. 저자가 무슨 말을 하는지, 나의 생각은 어떤지 이야기를 나눕니다. 여기서 중요한 것은 자신이 그런 생각을 하는 이유를 서로 나누는 것입니다. 부모와 아이의 관점을 서로 알아가는 시기입니다. 큰아이와 책에 대해서 이야기하면서 요즘 청소년들의 가치관에 대한 이야기를 한 적이 있습니다. 아빠 입장에서는 당연하다고 생각하는 것이 요즘 청소년들은 당연한 게 아니라고 이야기했습니다. 조금 쉽게 이야기하자면 큰아이는 문화적인 부분에 있어서 저는 보수적인 편이고, 친구들은 굉장히 개방적이라고 생각하고 있었습니다. 제가 "그럼 너는 어떻게 생각하느냐?"고 물었습니다. 아이는 아빠와 친구들의 중간쯤이라고 말했습니다. 그러면서 관점에 대한 이야기를 했습니다. "아빠는 이쪽 끝에 있고, 친구들은 반대쪽 끝에 있어요. 저는 중간에 있는데, 아빠가 저를 볼 때는 굉장히 개방적인 사고를 하고 있다고 생각하고, 친구들은 저를 굉장히 보수적이라고 생각하고 있어요." 이런 이야기를 하면서 우리가 어떤 관점으로 세상을 바라보고 살아가야 할지 이야기를 나눴습니다.

독서로 아이와 마음을 나누는 방법은 이렇게 다양합니다. 부모마다 아이들마다 그 상황이 다르기 때문에 어떤 방법이 정답이라고 말할 수 없습니다. 여기에 소개한 방법들뿐만 아니라 더 좋은 방법들도 있습니다. 책이라는 매개체를 통해서 아이와 대화를 하고, 그것으로 마음을 나눌 수 있으면 좋겠습니다.

4장
일기동화로 아이와 마음나누기

HAPPY FAMILY

일기동화로 아이와 마음 나누기¹⁾

동화란 무엇인가?

동화의 사전적 의미는 "어린이를 위하여 동심(童心)을 바탕으로 지은 이야기. 또는 그런 문예 작품. 대체로 공상적, 서정적, 교훈적인 내용"이라고 말합니다. 한자로는 童(아이 동), 話(말씀 화), 영어로는 children's story라고 합니다.

아동문학자들과 동화 작가들은 동화를 저마다 조금씩 다르게 표현합니다. 이원수는 〈동시 동화 적법〉에서 "동화란 동심을 바탕으로 상상의 세계 또는 판타지와 리얼리티를 조화시킨 세계를 시적 산문으로 꾸며 쓴 이야기이다. 또는 어린이들을 위해서 어린

---

1) 배태훈, 박종순,「일기동화」(가이드포스트, 2017)를 일부 발췌하고, 요약했다.

이들의 마음에 맞게 쓴 이야기(창작)이거나 새로 꾸며 쓴 이야기들"이라고 했습니다. 엄기원은 〈아동문학 이론과 창작〉에서 "동화는 어린이에게 아름다운 꿈(이상)과 즐거움을 주기 위하여 작가가 창작한 이야기로써 동심에 의한 판타지의 산물"이라고 했습니다. 신옥철은 〈상상하다〉에서 "동화는 어린이를 위해 쓰는 글이고 어린이의 사유 세계가 무한한 상상의 세계인만큼 판타지적 특성을 갖고 있는 분야"라고 말했습니다. 그 외에 동화에 대한 정의들을 내렸습니다.

여러 가지 동화에 대한 정의를 정리해 보면, "어린이를 위한 이야기"라고 말할 수 있습니다. 즉 동화를 보는 어린이를 위한 창작된 이야기가 바로 동화입니다.

동화는 특정한 사람들이 쓰는 이야기가 아닙니다. 어린이를 위한 마음으로 이야기를 쓴다면, 동화는 누구나 쓸 수 있습니다. 동화쓰기 방법론에 있어서 사람마다 삶에 대한 경험과 글 쓰는 습관, 자라온 환경이 다르기 때문에 어떤 방법이 좋다고 말하기는 어렵습니다(김자연, 〈유혹하는 동화쓰기〉). 하지만 내용면에 있어서 동화는 어린이들을 위한 글인 만큼 어린이들이 좋아해야 하며, 어린이들이 공감해야 합니다. 또 어린이의 차원에서 이해할 수 있는 글이어야 합니다. 그래서 어린이 눈높이에 맞추어서 이야기를 전개해야 합니다.

동화에는 재미가 있어야 합니다. 재미가 없다면, 어린이들이 좋아하지 않습니다. 재미란 단순히 즐거운 것에 그치지 않습니다. 옛 어른들은 '칠정'(七情)이라고 하여 인간의 본성에 일곱 가지 감정이 있다고 말합니다. 기쁨, 노여움, 슬픔, 두려운, 사랑, 미움, 욕망입니다. 이런 느낌을 통틀어서 재미있다고 말할 수 있습니다(김대조·김민중, 〈생각을 키우는 시와 동화쓰기〉). 다시 말해서, 어린이들이 동화 이야기를 통해서 감성적 공감을 이끌어낸다면, 그 동화는 재미있다고 말할 수 있습니다.

동화에는 네 가지 요소가 있습니다. 주제, 소재(글감), 구성(줄거리), 문장입니다. 주제는 작가가 동화를 통해 어린이들에게 말하자고 하는 생각(사상)입니다. 어린이에게 생각을 전달하는 것은 정말 중요한 부분입니다. 한 권의 책으로 인해 어린이의 가치관이 성립될 수 있기 때문입니다. 소재는 이야기를 만드는 데 필요한 모든 재료입니다. 주변에 있는 모든 사물, 생각, 보이지 않는 것들까지 모든 것이 다 소재가 될 수 있습니다. 구성(줄거리)은 인물, 사건, 배경으로 되어 있습니다. 여기에는 여러 가지 상상력이 동원되어야 합니다. 문장은 독자인 어린이에 맞게 쉬운 말과 문장으로 써야 합니다.

동화를 표현함에 있어서 여러 가지가 있지만, 대부분이 아래와 같이 동화 표현의 유형(김대조 • 김민중, 〈생각을 키우는 시와 동화쓰기〉)으로 나타납니다.

전래동화: 옛날부터 전해져 오던 이야기를 바탕으로 한 동화

그림동화: 글 내용과 함께 그림이 중심이 되어 표현된 동화

생활동화: 어린이의 일상생활을 바탕으로 쓴 동화

의인동화: 사람이 아닌 동물이나 식물 또는 사물이 인물이 된 동화

우화동화: 동물이 등장하여 교훈을 주는 내용을 담은 동화

패러디동화: 기존에 있는 유명한 작품을 바꾸어 쓴 동화

판타지동화: 환상세계에서 일어나는 흥미진진한 내용을 담은 동화

학습동화: 국어, 수학, 사회, 과학 등 공부를 도와주기 위해 쓴 동화

환경동화: 환경보호를 위해 주제를 전달하기 위해 쓴 동화

여러 유형 중에서 우리가 쓰려고 하는 일기동화는 어린이의 일상생활을 바탕으로 쓴 동화이기 때문에 생활동화에 해당됩니다. 일기의 내용에 따라 다른 유형의 동화들도 쓸 수 있지만, 기본적

으로 생활동화의 유형으로 시작하면 됩니다.

일기동화란 무엇인가?

일기동화란 일기로 만든 동화입니다. 앞에서 살펴본 것처럼 동화에 필요한 여러 가지 요소들이 있습니다. 하지만 일기동화는 이런 요소들이 필요 없습니다. 일기속에 이미 주제와 소재, 구성이 들어 있기 때문에 일기만 있으면 됩니다. 아이는 일기를 쓸 때 자기가 하고 싶은 이야기의 주제를 잡았으며, 주변에서 일어난 일들의 재료들을 알고 있습니다. 일기를 쓰면서 나름대로 이야기의 줄거리도 적었습니다. 일기동화는 모든 것들이 준비된 상태에서 시작할 수 있다는 점에서 다른 동화에 비해서 쉽게 접근할 수 있습니다. 일기동화에서 가장 핵심이 되는 것은 일기동화를 쓰는 과정을 통해서 부모가 자녀와 대화하면서 마음을 나누는 것입니다. 동화의 완성도는 그 다음입니다.

나의 자녀는 일기동화의 작가이면서 동시에 독자이기도 합니다. 독자인 자기 자신이 동화를 쓰면서 재미를 느낀다면, 일기동화는 독자를 만족시키는 최상의 작품입니다. 자녀가 부모와 함께 이야기를 나누며 동화를 만들어가는 과정에서 즐거움을 느끼고 만족한다면 동화의 완성도는 조금 미루어 두어도 괜찮지 않을까 싶습니다. 일기동화 쓰기는 우리가 자녀와 대화를 함으로 서로 마음을 나누고 싶은 데서 시작된 것이니까요.

동화는 복잡한 이야기만이 훌륭한 것이 아닙니다. 단순한 이야기도 좋습니다. 이해하기 쉬운 환상적 존재나, 소박하게 벌어지는 한두 가지의 환상적 사건이 현실 안으로 슬며시 밀고 들어오는 것만으로 훌륭한 이야기가 만들어집니다. 그렇기 때문에 일기동화를 쓸 때 부담을 가질 필요가 없습니다. 일기동화 쓰기에 특별한 정답이 없기 때문입니다. 아이와 많은 대화를 나누고 서로의 마음을 알아간다면, 그것이 바로 정답입니다.

일기에는 아이의 삶이 들어있습니다
아이들이 일기쓰기를 싫어하지만, 아이들에게 '진짜 일기'를 쓸 수 있도록 한다면 아이들의 마음이 담긴 일기를 볼 수 있습니다. 그 일기에는 우리가 보지 못하는 아이의 삶과 일상생활이 그대로 들어가 있을 것입니다. 일기는 하루에 일어났던 일들 중에서 가장 기억에 남는 일을 쓰는 것이기 때문에 아이가 어떤 하루를 보냈는지 그 기분, 감정을 알 수 있습니다.

아이와 소통을 원한다면, 아이의 있는 그대로의 모습을 기록할 수 있는 진짜 일기를 쓸 수 있도록 이끌어주는 것이 필요합니다. 일기에 솔직한 마음과 일들을 썼다가 상처를 받는다면 이후로는 결코 진짜 일기를 쓸 수 없습니다. 아이의 마음의 소리에 경청하고, 아이의 감정에 공감하는 연습이 우리 부모에게 필요합니다. 일기를 통해 자신의 마음이 부모에게 그대로 전해지고 있다는 것을 아이가 느끼게 된다면, 일기는 부모와 자녀가 함께 대화할 수 있는, 소통할 수 있는 훌륭한 매개체가 될 수 있습니다. 아이의 마음을 그대로 쏟아내고, 그 말에 부모의 긍정적인 반응이 되풀이된다면 짧은 시간에도 서로의 마음을 알아가게 될 것입니다.

2014년 12월 3일 수요일, 날씨, 맑음
제목: 비밀경찰 사건 해결

학교에서 도서관 화이트 칠판 뒤에 **에게 **야 안녕 매롱 김** 되지라고 써 있었고 또 찌질이 신**게 유치라고 써져 있었다. 난 쓴 사람의 정체를 밝히고 싶다. 그 사람은 과연 누구일까? 궁금하다. 우리 대원들은 열심히 찾고 있다. 이름은 **, **, **, 내가 찾고 있다.

이 일기는 작은 아이가 1학년 때 쓴 일기입니다. 맞춤법도 많이 틀리고 무슨 말인지 순간 이해되지 않을 수 있습니다. 학교에서 어떻게 생활하면서 지내는지 잘 알고 있는 우리는 무슨 이야기인지 한 번에 알아들었습니다. 경찰이 꿈인 작은 아이의 일기에는 경찰과 관련된 이야기들이 많습니다. 1학년 때 학교 아이들 3명을 모아서 비밀경찰대를 만들었습니다. 물론 다 계급이 있었습니다. 경찰 계급은 인터넷을 찾아서 다 알아냈습니다.

12월 3일에 학교 화이트 칠판 뒤에 누가 낙서를 한 모양입니다. 친구의 이름에 '메롱~', "돼지"라고 적혀 있었습니다. 그 밑에는 다른 친구의 이름이 적혀 있었고, 별명이 적혀 있었습니다. 작은 아이는 글씨체를 보고 비밀대원들과 함께 누가 썼는지 찾고 다녔습니다. 이 일기를 보고 한참 동안 과학수사에 대해서 이야기했던 게 생각납니다. 그리고 "네 생각에는 누가 쓴 거 같아?" 하고 묻고, 근거도 말해보도록 했습니다. 마치 진짜 경찰특공대가 된 것처럼 신나게 이야기한 작은 아이의 얼굴이 아직도 눈에 선합니다. 며칠 후, 사건의 결말을 물어보니 글씨체와 똑같은 친구를 찾았다고 합니다.

2015년 8월 27일 목

제목: 나의 요즘 고민

나의 요즘 고민은 살이 좀 빠졌으면 좋겠다. 키도 크고 살도 빠져야 나중에 그대로 자랄텐데 말이다. 나는 좀 더 날씬해져서 건강하고, 오래 오래 살고 싶다.

내가 어렸을 때는 날씬했는데, 언제부터 살이 쪘는지 모르겠다. 한 3-4학년부터 찐 것 같다. 어떤 어른들은 어릴 때 찐 것은 다 키로 간다고 하는데 과연 사실일까? 나는 사실이면 좋겠지만 아닌 것 같다. 가만히 있는다고 키로 가지 않고 열심히 운동을 해야 되는 것 같다. 내가 살이 찐 것에 신경쓰는 이유는 남들이 말도 하고 나 자신도 생활에 불편하기도 하다. 나는 제발 살이 빠졌으면 좋겠다.

큰 아이가 5학년 때 쓴 일기입니다. 일기의 내용처럼 3학년부터 살이 찌기 시작하더니 5학년 여름쯤에는 그 절정을 이루었습니다. 사람들뿐만 아니라 큰 아이 자신도 불편함을 느꼈다고 하는데, 아마도 날씬한 동생과 비교가 되기에 더 그랬을 것입니다. 이 일기에는 큰 아이의 간절함이 묻어납니다. 밤에 먹는 것을 참도록 했고, 열심히 뛰어다니며 놀도록 했습니다. 큰 아이의 노력 때문인지 때가 되었던 것인지 모르겠지만, 1년이 지난 후에 살이 빠지고 키가 훌쩍 컸습니다. 먹는 건 다 키로 간다는 자신감이 생긴 이후에 먹고 또 먹고, 또 먹었습니다.

짧은 일기지만, 일기 안에는 아이의 삶이 들어있습니다. 아이의 이야기가 들어있습니다. 우리가 보지 못하는, 생각하지 못하는 것들이 일기장 곳곳에 숨어있습니다. 그것을 찾아서 아이와 자연스럽게 대화를 이어간다면, 생각하지도 못했던 아이의 모습을 발견

할 것입니다. 그리고 '아~ 내 아이가 이런 생각을 했구나, 내 아이가 학교에서 이렇게 생활하고 있구나' 하는 생각을 할 것입니다. 일기를 보고 이야기할 때는 아이의 말에 집중해야 합니다. 훈육하거나 가르치려고 하면 절대 아이의 삶의 이야기를 이끌어낼 수 없습니다.

소통에서 가장 중요한 것은 자신의 이야기를 전달하는 것보다 상대방의 이야기에 집중하는 것입니다. 바로 '경청'입니다. 다른 말로 표현하자면, '많이 들어주는 것'입니다. 아이가 하고 싶은 말에 집중해서 들어주는 것이 정말 힘들고 어렵습니다. 직장에서 고된 업무를 마치고 집에 돌아오면 쉬고 싶은 마음이 간절합니다. 지친 몸을 이끌고 왔건만, 아이들의 끊임없는 이야기 때문에 영혼이 이탈하는 기분이 듭니다. 이런 상황이 되면 다들 짐작하겠지만, 큰소리와 함께 버럭 화를 냅니다. "조용히 좀 해." "도대체 너 때문에 정신이 없어." "들어가서 공부나 해." 아이는 하루에 있었던 자신의 이야기를 부모에게 재잘재잘 전하고 싶을 뿐인데, 부모에게서 돌아오는 것은 차가운 반응뿐입니다. 때로는 아이가 학교에서 있었던 일을 부모에게 이야기할 때 부모들은 대부분 공부와 관련된 이야기로 이끌어갑니다. 아이의 상황과 기분은 고려하지 않습니다. 왜 기분이 좋지 않았는지, 친구와는 잘 지내는지 등 아이의 입장에서 질문을 하는 부모는 그리 많지 않습니다. 이런 상황들이 반복되면 아이들은 어떤 선택을 할까요? 혼나지 않는 방법을 선택합니다. 입을 다무는 것입니다. 그리고 자신의 이야기에 경청해주는 다른 사람이나 대체할 수 있는 그 무언가를 찾게 됩니다.

우리 부부도 맞벌이 할 때, 끊임없이 이야기하는 아이들을 향해 화를 내곤 했습니다. 하루 종일 업무 때문에 지쳐있거나, 혹은 몸이 안 좋은 상태에서 아이들이 이야기하면 귀에 들어오지 않습니다. 목소리가 커지면서 화를 내기보다는 우리의 상태를 아이들에게 말해주면서 '지금은 이야기를 들어주기에 엄마 아빠가 피곤하다'는 것을 알립니다. 아이들의 이야기에 관심이 없다는 것이 아니라 몸 상태가 좋지 않으니까, 이해해달라고 합니다. 그러면 아이들은 쿨하게 자기 방으로 갑니다. 혹은 엄마나 아빠를 위해 위로를 하거나 기도를 해주고 갑니다.

일기에 대한 설문조사 결과를 보면, 63%(102명)의 아이들이 일기를 보면서 부모와 대화를 나눈다고 했습니다. 생각보다 많은 아이들이 부모와 함께 일기에 대해서 이야기를 하고 있습니다. '주로 어떤 대화를 하느냐?'에 대한 응답은 '글씨를 참 잘 썼네. 글의 내용이 좋구나! 표현력이 대단한 걸? 등의 칭찬'이 42%, '문장을 짧고 간단하게 쓰면 어떨까? 생각이나 느낌을 조금 더 자세히 쓰렴. 등의 충고나 조언'은 28%, '글씨가 이게 뭐니? 겨우 이만큼 쓴 거니? 매일 똑같은 내용이구나! 등의 꾸중'은 12%, '그 때 너의 기분은 어땠니? 너는 그 일에 대해 어떻게 생각하니? 만약 그렇게 하지 않았다면 어떤 일이 생겼을까? 등의 질문'은 18%였습니다. 많은 부모가 칭찬이나 충고와 조언을 많이 하고 있고, 생각보다 꾸중을 하는 부모들은 적었습니다. 일기를 보면서 아이와 대화할 때 위의 응답 중에서 어떤 응답이 제일 좋을까요? 일기를 보면서 아이와 소통을 할 수 있는 가장 좋은 방법은 질문을 하는 것입니다.

둘째 아이가 어느 순간, 자기 일기를 보여주기 싫어했습니다. 그 이유를 물어보니까 자신의 사생활을 엄마 아빠가 보는 게 싫다는 것입니다. 그런데 그 내막을 살펴보니 이유는 아빠의 지적 때문이었습니다. 둘째 아이가 맞춤법에 서툴었습니다. 일기를 쓸 때마다 기본적으로 2-3개 정도는 틀리게 씁니다. 어떤 경우에는 7-8개 정도 틀린 경우도 있습니다. 그때마다 아빠가 틀린 맞춤법을 고쳐주는 데, 글쓰기 검사를 받는 것 같은 기분이 들었던 것입니다. 그래서 그 뒤로는 맞춤법을 고쳐주지 않았습니다. 그리고 자신의 기분이나 감정이 들어가지 않았을 때 일기에 기분을 넣으면 좋겠다고 이야기했는데, 글을 많이 쓰기가 싫어서 그렇다고 했습니다. 그래서 '아~ 그랬구나.' '이때 기분이 많이 안 좋았겠네.' 이렇게 아이의 감정에 공감해주려고 무단히 노력했습니다. 그리고 그때의 상황과 기분에 대해서 물었습니다. 하지만 틀린 맞춤법을 보일 때, 일과를 나열한 일기를 볼 때, 고쳐주고 싶은 충동이 일어났습니다. 그때마다 그 감정을 누르려고 노력했습니다.

부모와 자녀가 소통이 되지 않는 이유는 부모 입장에서는 충고라고 생각하지만, 아이는 부모의 충고를 잔소리로 여기기 때문이라고 합니다. 충고는 상대방에게 진심을 담아 자신의 생각을 이야기하는 것뿐, 내 말대로 하라고 명령하는 것은 아닙니다. 하지만 대부분의 부모는 충고를 하면 아이가 그 충고대로 행동해주기를 바랍니다. 만약 그렇게 하지 않으면, 목소리가 커지고 화를 내게 됩니다. 결국 충고를 해주려는 좋은 마음으로 시작했다가 화를 내버리는 꼴이 됩니다. 충고는 진심을 담아 자신의 생각을 이야기하는 것에서 끝내야 합니다. 선택하는 것은 아이들입니다. 아이들의 선택까지 부모가 개입하게 되면, 충고는 잔소리가 됩니다. 부모가 충고하는 말은 대부분 옳은 소리입니다. 하지만 옳다는 것 때문에 그대로 해야 된다는 강요가 들어가면, 아이의 입장에서는 잔소리가 됩니다. 아이들이 듣고 싶어 하는 것은 충고로 포장된 강요의 말이 아니라 자신의 말에 공감하고, 이해하고, 인정하는 말입니다.

우리도 아이들에게 잔소리를 늘어놓는 경우가 많았습니다. 모든 부모가 다 마찬가지겠지만, 아이들이 올바르게 자랄 수 있기를 바랍니다. 이런 바람 때문에 아이들에게 똑같은 이야기를 여러 번 하게 됩니다. 하지만 이런 말들이 모두 잔소리가 되지는 않습니다. 아이와의 신뢰관계와 적절한 타이밍을 갖춘다면, 아이에게 충고가 될 것입니다.

잠들기 전 아이들과 하는 대화는 하루를 정리하는 아주 좋은 시간입니다.[2] 특히 하루를 마무리하는 시간에 오늘 어떻게 생활했는지 아이들의 일상을 되돌아보는 시간입니다. 내일은 어떻게 지낼지 다짐을 하는 시간이기도 합니다. 동시에 아이들의 이야기를 하면서 아이나 부모 모두 하루를 마무리하는 시간이기도 합니다. 자신의 삶을 돌아보게 되고, 내가 어떻게 살아야 하는지 생각하게 하는 시간과 매일 자신의 삶을 되돌아보는 습관은 참 중요합니다. 사람들은 대화를 하면서 스스로 자신의 문제점을 찾습니다. 많은 경우, 대화를 통해서 그 문제점을 해결할 방법도 얻게 됩니다. 그렇기 때문에 이 시간은 아이에게나 부모에게 소중한 시간입니다.

---

[2] 잠들기 직전의 시간은 아이들의 교육에 마법의 시간과도 같다. 길어야 30분 정도에 불과한 짧은 시간 동안 부모와 자녀 사이에는 어느 때보다 긴밀한 소통이 이루어질 수 있으며, 그것은 아이의 일생에 커다란 영향을 미친다. 어쩌면 부모에게는 이 시간이 아이와 대화하기에 가장 어렵고 바쁜 시간일지도 모른다. 여러 가지 밀린 일들을 해결해야 하기 때문이다. 그래서 베드 타임 스토리는 부모의 결단과 의지, 그리고 지식에 대한 사랑을 필요로 하며 아이에게도 부모에게도 어길 수 없는 습관으로 굳어질 필요가 있다. 유대인 부모는 자녀에게 하루의 많은 경험들 중 기분 나빴던 일, 슬펐던 일을 그날로써 마무리 지을 수 있도록 배려한다. 아무리 자녀를 심하게 꾸짖었더라도 아이가 잠자리에 들 때만은 정답게 다독이며 좋지 않은 감정의 앙금이 어린 마음에 남아 있지 않도록 하는 것이다(전성수, 「부모라면 유대인처럼 하브루타로 교육하라」, 예담, 2012. p. 111).

하루하루를 차분히 정리하는 사람과 매일 정신없이 바쁜 시간을 보내며 지내는 사람과는 그 삶의 질이나 만족도가 전혀 다르게 나타납니다.

　우리 부부는 종종 잠들기 전에 아이들 방에 가서 많은 이야기를 합니다. 침대에 누워서 불을 끄고 기본적으로 1시간 정도는 수다를 떱니다. 엄마 혼자 가기도 하고, 아빠 혼자 가기도 하고, 둘 다 가기도 합니다. 이때는 장난도 치고, 여러 가지 이야기를 합니다. 학교에서 있었던 이야기, 궁금한 이야기, 친구들 이야기 등 다양한 이야기를 합니다. 이 시간을 좋아하고 기다리는 아이들에게 고마운 마음이 듭니다. 때때로 좋은 이야기를 해달라고 요청하기도 합니다. 이때 아이들에게 여러 가지 질문을 합니다. 그 질문에는 아이들의 일기를 보고 궁금했던 점들도 포함되어 있습니다. "일기를 보니까 그런 일이 있었네. 그때 많이 속상했겠다." 이렇게 말을 트면, 아이는 그때의 상황을 장황하게 이야기합니다. 그러면 아빠나 엄마가 그 감정에 공감해주고, 위로하고 격려합니다. 때로는 기도하고, 감정을 추스를 수 있도록 합니다. 그리고 아빠 엄마가 하고 싶었던 이야기를 합니다. 적절한 타이밍을 찾는 것입니다. 이렇게 이야기하면 아이는 그 말을 잘 받아들입니다. 이렇게 할 수 있는 것은 아이의 일기에 그대로 아이의 삶이 묻어 있기 때문에 가능한 일입니다. 그래서 아이가 '진짜 일기'를 쓸 수 있게끔

해야 합니다.

아이와 많은 대화를 나눌 수 있습니다

큰 아이와 함께 동화를 만들기로 결심한 것은 아들이 초등학교 2학년 때였습니다. 큰 아이가 일기를 쓰기 시작하면서 일기를 통해서 큰 아이와 많은 이야기를 할 수 있을 것 같은 생각이 들었습니다. 일기를 쓸 때, 오늘 있었던 일들을 적었습니다. 그 일들 가운데 가장 기억에 남는 일을 쓰게 했습니다. 그때 상황이 어땠는지, 기분은 어땠는지 등 다양한 이야기를 했습니다. 그리고 정리해서 스스로 적을 수 있도록 했습니다. 일기를 스스로 쓰기 시작하면서 일기 내용을 가지고 왜 그런 생각을 하게 됐는지 묻게 됐습니다. 아이의 학교생활을 잘 알 수 있었습니다. 아이의 가치관을 알게 됐습니다. 아이의 기분을 알게 됐습니다.

큰 아이는 책을 읽는 것을 좋아합니다. 형이 책 읽기를 좋아해서 덩달아 둘째 작은 아이도 책 읽는 것에 흥미를 느끼고, 열심히 책을 읽었습니다.[3] 큰 아이는 한 번 책을 잡으면 수십 권을 책을 읽기도 했습니다.[4] 큰 아이는 초등학교 3학년 때 「나니아연대

---

3) 사실 둘째는 굉장히 활동적인 성향이기 때문에 자리에 앉아서 책을 읽는 것보다 밖에서 움직이는 것을 더 좋아한다.
4) 지금은 책을 읽는 시간보다 스마트폰을 들고 있는 시간이 많아졌지만, 가끔씩 비가 오는 날이나 책을 읽고 싶은 날에는 책을 쌓아놓고 장시간 동안 책을 읽는다.

기,[5]을 읽기 시작해서 5학년 때 다 읽었습니다. 어느 날 책을 읽고 있던 큰 아이를 보면서 함께 동화를 쓰면 어떨까 하는 생각을 했습니다. 그러다 아이의 삶이 담긴 일기로 동화를 쓰면 좋겠다는 생각이 스쳤습니다.

일기로 동화를 써보자는 이야기를 나눌 때 아이는 굉장히 좋아했습니다. 설문조사[6]에서도 52% 정도가 '자신의 일기로 동화나 소설이 만들어진다면 좋다'고 이야기했습니다. 큰 아이가 2학년 때 쓴 첫 번째 일기로 동화쓰기를 했습니다. 이때 아이와 수없이 많은 이야기가 오갔습니다. 특히 어떤 상황에서 큰 아이가 어떤 생각과 행동을 할 것인지 질문을 던졌을 때, 아이의 가치관과 성향들이 나왔습니다. 저학년이었기 때문에 가치관을 성립하기에 중요한 시기였습니다. 그래서 우리 부부의 가치관이 아이에게도 전달되기를 바라는 마음으로 대화를 이끌어 갔습니다. 그리고 아이가 재미있어 하는 부분에서는 함께 깔깔거리며 더 재미있게 이야기하고, 깊이 생각해야 할 부분에서는 생각할 수 있는 시간을 주었습니다.

---

5) C.S. 루이스, 햇살과나무꾼 역, 「나니아 연대기」(The Chronicles of Narnia), 시공주니어, 2005. 약 이천 페이지 정도 되는 책이다.
6) 필자가 수도권 지역 10곳에 1-6학년을 대상으로 일기에 대해서 10가지 문항을 설문조사했다. 모두 167명의 학생이 응답했다.

전성수 박사는 어린 시절에 언어 능력이 가장 빠르게 발달한다고 말했습니다. 그래서 가정에서 책을 많이 읽어주고, 특히 아이와 함께 깊은 대화를 자주 나누는 것이 절대적으로 중요하다고 말합니다. 일기로 동화쓰기를 하면 아이와 깊은 대화를 나누게 됩니다. 지속적으로 여러 상황들에 대해서 대화합니다. 아이의 삶에 대한 이야기를 하기 때문에 아이가 주도권을 쥐고 이야기할 수 있습니다. 부모는 귀를 쫑긋 세우고 눈을 크게 뜨고 잘 들어주기만 하면 됩니다. 이런 시간은 아이에게 어휘력과 언어 구사 능력이 늘어나게 됩니다.

아래는 큰 아이가 2학년 때 처음 쓴 일기입니다.

2012년 3월 21일 화요일 맑음
제목: 이모의 일기

내가 오늘 이모에게 일기를 쓴다고 했더니 이모가 5학년 때 쓴 일기를 보여주었다. 이모의 5학년 때 일기는 정말 재미있었다. 이모가 5학년 때면 ~ 음, 헉 18이나 차이가 난다. 이거야말로 헐~ 대박이었다. 너무 놀랍고 신기하고 기가 막혔다. 나도 일기를 잘 써서 동생을 웃기게 해줘야겠다.

아주 짧은 일기입니다. '일기를 잘 쓰고 싶은 이유가 동생을 웃기게 해주기 위해서라니!' 아이들은 늘 자기만 안다고 생각했는데, 생각 이상으로 이타적일 때가 있는 것 같습니다. 귀엽고 기특합니다. 이 일기로 대화하면서 큰 아이와 함께 "이모의 일기장"이라는 동화를 썼습니다.

이모의 일기장

"휴~"

교문 사이로 어깨가 처진 모습으로 나온 승주는 깊은 한 숨을 내쉬었어요. 뒤따라 나온 은혜도 마찬가지였어요. 오늘 선생님께서 일기 숙제를 내주셨기 때문이에요. 승주도 은혜도 일기 쓰는 게 너무 싫었어요. 은혜는 승주의 단짝 친구예요. 부모님끼리 친하게 지내셔서 어렸을 때부터 지금까지 가장 가까운 친구예요.

"일기 숙제가 제일 싫어." 승주가 말했어요.

"나도." 은혜가 대답했어요.

"일기를 일주일에 2번씩이나 어떻게 쓰냐고?" 승주가 투덜거리며 말했어요.

"애들아~ 같이 가."

재혁이가 뛰어오면서 승주와 은혜를 불렀어요.

김재혁. 재혁이는 2학년 1반에서 가장 똑똑한 친구예요. 승주와 은혜랑은 유치원 때부터 친구예요. 평상시에는 잘 놀지만, 가끔씩 잘난 척을 할 때마다 승주는 기분이 나빴어요.

잘난 척 대마왕 재혁이를 보자마자 승주는 기분이 더 나빴어요.

"나는 1학년 때부터 매일 일기를 썼기 때문에 일기 숙제는 너무 쉬워~"

승주와 은혜에게 뛰어 달려온 재혁이가 안경을 들어 올리며 말했어요.

'아휴~ 쟨 맨날 잘난 척이야.'

"은혜야 가자"

얼굴을 붉힌 승주는 재혁이를 보지도 않고 은혜와 같이 쌩~ 하고 지나갔어요.

'590***'

띠~리~릭~

현관문을 열고 집에 온 승주는 신발주머니를 거실에 집어 던졌어요.

"선생님은 왜 일기 숙제를 내주시는 거야!"

주방에 있던 아빠가 달려와 신경질을 내고 있는 승주를 보고 말했어요.

"학교에서 무슨 일 있었니?"

승주는 입을 쭉 내밀며 말했어요.

"선생님이 일기 숙제를 내주셨잖아요!"

승주의 말에 아빠는 웃으면서 말했어요.

"일기 숙제! 우리 승주 쓰기 진짜 싫어하는데 어떻게 하나?"

아빠의 말씀에 승주는 더 화가 났어요.

"아빠! 지금 나 놀려?"

승주는 소리를 지르며 방으로 들어가 버렸어요.

그날 저녁, 외갓집에서 온 식구가 저녁을 먹었어요. 저녁을 먹는 동안 풀이 죽어있는 승주의 모습을 보고 할머니가 물었어요.

"승주야, 너 왜 그러니?"

승주는 개미 지나가는 작은 소리로 "아무 것도 아니에요." 하고 대답했어요.

"승주, 일기 숙제 때문에 스트레스를 받아서 그래요."

벌써 밥을 두 그릇째 먹고 있는 아빠가 재미있다는 표정으로 말했어요.

'아빠는 내가 일기를 얼마나 싫어하는지 알면서~ 씩씩.'

승주는 아빠가 너무 얄미웠어요.

"일기 숙제! 나 초등학교 때 쓴 일기 있는데."

갑자기 막내이모가 먹고 있던 고등어 반 토막을 내려놓고 방으로 쏜살같이 들어갔어요.

"찾았다!"

일기장을 찾은 이모가 기뻐서 소리쳤어요. 그리고 잠시 뒤에 깔깔거리는 소리와 함께 이모의 목소리가 들렸어요.

"승주야~ 이리 와봐. 이거 너무 재밌다."

안 그래도 이모의 웃음소리 때문에 궁금했었는데, 승주는 재빠르게 이모

방으로 들어갔어요.

"돼지!" "키득키득"

막내 이모가 5학년 때면 18년 전인데, 너무 웃겼어요. 승주는 막내 이모의 일기를 읽으면서 한참 동안 웃었어요.

"하하하"

"크크크"

승주는 막내 이모의 일기를 다 읽고 나서 이런 생각을 했어요.

'내가 지금 쓴 일기를 18년 후에 본다면 어떤 기분이 들까? 내가 어린 시

절 이런 일이 있었구나 하는 생각을 하면서 웃겠지.'

승주는 밖으로 나와 큰소리로 말했어요.

"엄마, 아빠! 저 일기 열심히 써볼래요."

그날 저녁, 승주는 책상에 앉아 일기를 썼어요.

2012년 3월 21일 화요일 맑음

제목: 이모의 일기

내가 오늘 이모에게 일기를 쓴다고 했더니 이모가 5학년 때 쓴 일기를 보여주었다. 이모의 5학년 때 일기는 정말 재미있었다. 이모가 5학년 때면~ 음, 헉 18이나 차이가 난다. 이거야말로 헐~ 대박이었다. 너무 놀랍고 신기하고 기가 막혔다. 나도 일기를 잘 써서 동생을 웃기게 해줘야겠다.

짧은 일기로 상당히 긴 이야기가 만들어졌습니다. 이렇게 글을 쓸 수 있었던 이유는 큰 아이와 그날 있었던 일에 대해서 충분히 이야기했기 때문입니다. 학교에서 있었던 일, 일기 때문에 그날 저녁 식사 시간에 일어난 일, 일기를 쓰게 된 상황들을 함께 이야기했습니다. 그리고 상황마다 아이의 감정을 묻고, 아이는 자신의

솔직함을 표현하면서 만들어진 이야기입니다.

동화에 등장하는 은혜와 재혁이는 큰 아이와 함께 만들어낸 캐릭터입니다. 은혜와 재혁이가 그저 상상만으로 등장한 것이 아니라 큰 아이의 친구들 가운데 캐릭터의 성격이나 상황이 비슷한 아이들을 생각하면서 지은 것입니다. 은혜와 재혁이가 실제 이름은 아니지만, 은혜는 당시 큰 아이와 친하게 지낸 친구였고, 재혁이는 반에서 잘난 척하는 아이였습니다. 동화를 쓰기 위해서 친구들의 이야기가 자연스럽게 나왔고, 실제로 그 아이들을 생각하면서 캐릭터의 성격과 성향들을 정했습니다. 순간마다 재미있게 이야기를 꾸며가기 위해서 큰 아이는 적극적으로 참여했습니다. 글을 쓰면서 "만약에 이런 상황이라면, 너는 어떻게 할 거야?" "이때 네 기분은 어땠어?" 등 큰 아이에게 많은 질문을 했습니다. 큰 아이의 의견을 최대한 수용해서 이야기를 끌어갔고, 가끔씩 대화를 통해서 조율하기도 했습니다. 동화를 쓰면서 큰 아이가 얼마나 많이 웃었는지 모릅니다. 글을 다 쓴 다음에는 자기 일기로 자신이 재미있는 이야기 글을 썼다는 것에 뿌듯함을 느꼈습니다.

대화를 통해서 소통으로 이끄는 것은 아이에게나 부모에게 모두 좋습니다. 특히 대화를 통해서 각자의 고민과 생각을 주저 없이 꺼내는 것은 정신적 스트레스 해소에 좋습니다. 거기에 서로 공감하면서 위로와 격려, 칭찬과 지지는 마음의 상처를 함께 치유해 가기도 합니다. 자유로운 분위기에서 나만을 위한 편이 있다는 생각은 아이에게나 부모에게 든든한 지원군입니다. 아이는 이런 경험들을 통해서 자신이 언제나 존중받고 있다는 것을 느끼고, 자신의 삶이 동화로 만들어진다는 것에 자존감이 높아집니다. 아이가 잘 하고 있는 것뿐만 아니라 실수하는 것과 잘못한 것까지 스스로 이야기하게 되면서, 솔직한 삶의 이야기를 부모와 자연스럽게 이야기할 수 있게 됩니다.

아이와 소통하기 위해서 부모가 먼저 아이에게 솔직함과 진심을 보여야 합니다. 부모의 솔직함과 진심이 아이의 가치관에 긍정적인 영향을 끼칩니다. 아이는 부모의 말보다는 행동을 보고 배웁니다. 아무리 이야기해도 삶에서 그 말을 실천하지 않는다면, 부모의 말에 신뢰를 잃게 됩니다. 자녀는 부모의 가르침을 배우는 것이 아니라 삶을 배웁니다. 부모가 무단횡단을 하면, 그 자녀도 대부분 무단횡단을 합니다. 부모가 욕을 하면, 자녀도 욕을 합니다. 부모가 다른 사람들을 무시하면, 자녀도 다른 사람들을 무시합니다. 부모가 돈에 목숨을 걸면, 자녀는 돈이 최고인 줄 압니다. 부모가 책을 읽고 공부하면, 자녀도 책을 읽고 공부합니다. 부모가 어렵고 소외된 사람들을 섬기면, 자녀도 주변에 어려운 사람들을 돕습니다. 부모가 아무리 정직하고 올바른 행동을 하라고 말을 해도, 부모가 그렇게 행동하지 않으면 자녀는 그렇게 살지 못합니다. 오히려 이중 잣대를 갖게 되고, 가면을 쓴 부모의 모습에 실망을 합니다. 그러면서 자신도 부모의 가면을 이어받습니다. 자녀는 부모의 삶의 양식을 그대로 물려받습니다.

아이가 쓴 일기의 내용을 이야기하면서 엄마 아빠가 경험했던 이야기를 진솔하게 이야기하는 것도 좋습니다. 어린 시절 비슷한 경험들이 많이 있을 것입니다. 그때 부모는 어떻게 행동했는지, 그 기분을 안다든지, 솔직한 마음을 이야기하는 것이 좋습니다. 이때 아이에게 무엇인가 가르치려고 하지 말고 정서적인 교감을 나누며 동질감을 느끼게 하는 것이 중요합니다. 특히 아이들은 부모가 자신과 같은 생각과 감정을 가졌다고 하면, 무척 좋아합니다. 거기에 엄마 아빠의 망가진 모습을 보거나 들으면 배꼽이 빠지도록 웃습니다.

지금껏 우리의 가정에서 이런 모습이 없었다고 실망할 필요도 없습니다. 지금부터 조금씩 적용하면 됩니다. 작은 움직임을 시작으로 변화를 이끌어갈 수 있습니다. 부모나 자녀가 함께 소통할 수 있는 중요한 매개체가 있습니다. 바로 일기입니다. 일기를 통해서 삶을 나눌 수 있습니다. 삶을 나눈 이야기들로 재미있게 아이와 동화를 쓸 수 있습니다.

일기 선택하기

일기동화 쓰기의 방법들에 대한 이야기를 하려고 합니다.

먼저, 동화를 쓰기 위해서는 글감이 있어야 합니다. 일기동화는 일기를 토대로 쓰기 때문에 일기 선택이 곧 글감 선택입니다. 일기동화의 시작은 일기 선택입니다. 어떤 일기를 선택하느냐에 따라서 일기동화의 분류가 달라집니다. 일기의 종류가 다양하기 때문에 일기동화도 다양하게 나올 수 있습니다.

일기를 선택할 때는 부모는 한 걸음 뒤로 물러나 있고, 자녀가 스스로 자신의 일기를 보면서 동화로 쓰고 싶은 것을 고르게 하면 됩니다. 이때 자녀에게 몇 가지 코멘트 정도만 해주면 됩니다.

"일기 중에서 동화로 쓰고 싶은 것을 골라봐."

"동화를 쓰는 것이기 때문에 줄거리가 있는 일기면 좋을 것 같아."

"정말 기억에 남는 일이나 재미있었던 일이면 더 좋을 것 같아."

일기동화는 자녀가 주인공으로, 자신의 삶 주변에서 일어난 일들로 동화이야기로 꾸며가는 것이기 때문에 부모의 생각보다는 아이의 선택과 판단에 더 많은 비중을 두는 것이 좋습니다. 단 동화를 쓰는 것이기 때문에 줄거리가 있는 일기를 선택하는 것이 좋다는 말을 하면 됩니다. 처음 일기동화를 쓸 때는 동시일기나 독서일기보다는 여행일기, 기행일기, 생활일기처럼 자녀의 삶에서 경험한 일들을 중심으로 기록한 일기가 좋습니다. 시간의 흐름에 따라 일어난 일들을 생각하면서 쓰는 것이 다른 일기보다 쉽기 때문입니다.

아래는 큰아이가 골랐던 일기입니다.

2012년 3월 28일 수요일 날씨 날씨도 봄! 마음도 봄!
제목: 안경 쓴 날

월요일에 나는 안경 집에 가서 눈 검사했더니 0.3이 나왔다. 나는 안경 0.7개를 샀다. 테두리는 검정이다. 할머니는 안경이 끼고 싶었는데 할머니의 할머니가 안 사주어서 수수깡으로 안경을 만들어 끼고 다녔고, 아빠는 안경 끼는 사람들이 멋있어 보여 일부러 TV를 앞에서 보고 책을 어두운 곳에서 보았다고 이제 후회를 했을 것 같다고 생각된다. 내가 안경을 써보니 완전, 대박, 엄청, 많이 불편하다. 잠 잘 때 빼, 씻을 때 빼, 뺏다 꼈다. "하지마!"를 아빠가 자주하는 말이다. 휴 정말 힘들다. 눈도 껌벅

껌벅 거린다. 하품도... zzz 엄청 졸리다. 하아아아아~ 암 드르렁쿨 드르렁 쿨

큰아이가 처음 안경을 쓰게 된 날, 안경 때문에 일어난 일들과 자신의 생각이 담긴 일기입니다. 아이의 인생에 있어서 큰 변화가 있는 날이었기 때문에 기억에 많이 남는 날이었을 것입니다. 또한 안경에 얽힌 할머니와 아빠의 옛 이야기까지 들으면서 안경에 대한 자신의 솔직한 마음이 들어 있습니다. 안경을 처음 쓴 사건을 동화로 쓴다는 것은 아이의 인생에 기억에 남을 만한 일이 될 것입니다. 이 일기는 학교에서 있었던 일을 시작으로 집과 안과, 안경집, 그리고 다시 집으로 이동 경로가 확실하게 구분되어 있어서 자연스럽게 시간의 흐름에 따라 각 장소별로 동화를 쓸 수 있기에 쉬운 일기입니다.

2012년 4월 14일 토요일
제목: 청설모 잡기

아침 일찍 일어나 배를 타고 남이섬에 들어갔다. 거기 잔디밭이 있었는데, 청설모가 엄청나게 많았다. 청설모를 잡기 위해서 아이들을 모았다. 그러면서 막 뛰어다녔다. 그리고 함정도 만들었다. 청설모가 너무 빨라서 못 잡았다. 그래서 서운하다. 다음 번에 와서 꼭 잡을 것이다.

이 일기는 남이섬에 놀러가서 있었던 일을 쓴 일기입니다. 짧은 일기지만 청설모가 중심이 되어 일어난 일을 기록했기 때문에 동화를 쓰기에 어렵지 않았습니다. 남이섬에 누구와 어떻게 갔는지, 남이섬에 도착해서 시간별로 일어난 일들을 나열할 수 있었습니다. 그리고 일기의 중심인 청설모를 보게 되면서 일어난 일들을 쓸 수 있습니다. 동화로 쓸 수 있는 이야깃거리가 있다면 보다 쉽게 일기동화 쓰기를 할 수 있습니다.

아래는 작은아이가 고른 일기입니다.

2014년 9월 30일 수요일, 맑음
제목: 곤충병원을 열다

처음으로 곤충병원을 열었다. 교감선생님이 보시고 사마귀는 가을에 알을 낳고 죽는다고 알려주셨다. 나는 점점 곤충병원을 하면서 곤충에 대한 걸 배우는 것 같다.

2014년 10월 1일 목요일, 맑음
제목: 곤충병원 두 번째 날

오늘도 사마귀를 치료했다. 어제 사마귀 머리를 봤다. 좀 잔인했다. 우리 이모는 간호사다. 내가 자랑스럽다. 한솔이가 안해서 싫었다. 난 이제부터 곤충을 더 사랑해야겠다.

작은아이가 1학년일 때 가을운동회를 앞둔 날, 이틀 연속 곤충병원에 대한 이야기를 쓴 일기를 골랐습니다. 이렇게 연속적인 일기를 고르는 것도 좋습니다. 그만큼 아이에게 이 이야기가 기억에 남는 일이기 때문에 일기동화 쓰기를 하면서 할 말도 많았습니다. 당시 곤충병원을 하면서 도서관에서 곤충에 관한 책들을 열심히 읽었던 기억이 납니다.

일기를 골랐다면, 일기를 그대로 옮기는 일이 필요합니다. 컴퓨터 작업이 용이하긴 하지만, 엄마아빠가 동화쓰기 노트를 만들어서 아이의 일기를 그대로 적는 것도 좋습니다.

등장인물의 캐릭터 잡기

일기를 선택했다면 다음은 일기에 등장하는 인물의 캐릭터를 잡아야 합니다. 인물의 캐릭터를 잡아야 동화를 쓰면서 그 인물의 특징을 잘 살리면서 쓸 수 있기 때문입니다. 가장 먼저, 일기동화의 주인공인 자녀의 캐릭터를 잡습니다.

처음에 캐릭터를 잡자고 하면 아이들이 잘 이해하지 못합니다.

그때 아이들이 좋아하는 애니메이션이나 동화에 나오는 주인공과 주변 인물들을 예를 들면서 "00이는 어떤 사람인 거 같아?" 하고 물으면 금방 이야기할 것입니다. 애니메이션 〈도라에몽〉에는 주인공 도라에몽과 노진구가 나옵니다. 그리고 주변 인물로 퉁퉁이, 비실이, 이슬이가 나옵니다. 주로 5명을 중심으로 이야기가 진행되는데 각자마다 독특한 캐릭터가 있습니다. 모두 뛰어난 장점들이 있지만, 단점들도 있습니다. 악당 같지만, 착한 구석도 있습니다. 모든 것이 완벽한 것 같은데, 생각하지도 못한 단점들도 있습니다. 모든 사람은 완벽하지 않다는 것을 알 수 있습니다. 이렇게 일기동화의 캐릭터를 정하면서 자녀가 지닌 장점과 단점을 직접 아이를 통해 들을 수 있습니다. 또한 사람마다 독특한 성향들을 이야기하면서 자신의 장점을 잘 활용해서 내가 할 수 있는 일들을 해결할 수 있다는 자신감을 주는 것도 좋습니다. 그래서 자녀의 캐릭터를 정할 때 장점도 이야기하지만, 마음이 상하지 않게 단점도 이야기할 수 있도록 이끄는 것이 중요합니다.

주인공: 큰아이

성격은 외향적, 넓은 인맥, 이유는 발이 커서 발이 넓어서. 스마트. 얼굴은 잘생김, 그런데 태권도 유단자, 권투 유단자, 검도 유단자. 그래서 싸움을 잘함. 근데 달리기는 못함. 축구도 못함. 리더십은 있지요. 특기 동생하고 놀기. 염색한 아이돌 머리....

주인공: 작은아이

같이 도우면서 일하는 사람, 대장(리더, 보스), 어떤 상황이든지 침착하게 해결하는 사람, 솔로몬처럼 지혜로운 사람, 힘은 보통, 바른 편, 정의로운 사람, 불의를 보면 못 참는 성격, 열혈소년

아이들이 직접 자신에 대해서 이야기하는 것을 그대로 캐릭터로 잡았습니다. 캐릭터를 잡다 보면 아이들이 자신에 대해서 어떻게 생각하는지 대략 짐작할 수 있습니다. 장점이 무엇이고, 단점은 어떤 것인지 스스로도 어느 정도 파악하고 있습니다. 또 실력은 되지 않지만, 때론 애니메이션의 주인공처럼 되고 싶어 하는 마음이 들어가기도 합니다.

큰아이는 스스로 내성적이기보다는 외향적인 성향이 있다고 했습니다. 엄마 아빠가 보기에도 그렇습니다. 친구들도 많이 사귀는데, 그 이유가 발이 크기 때문이라고 합니다. 똑똑하고, 미남에다 자기가 배운 운동은 모두 유단자라고 합니다. 좋은 건 다 이야기했습니다. 그런데 자기가 못하는 것도 스스럼없이 이야기합니다. 달리기가 느린 것, 축구 못하는 것 등 자신에 대해서 솔직한 자신의 생각을 이야기합니다.

작은아이는 대장을 좋아합니다. 공동체에서 항상 앞장서고, 일원들을 챙기는 것을 좋아합니다. 솔로몬처럼 지혜롭고 싶은 마음

도 있으며, 어떤 상황에서든지 해결하려는 성향이 있습니다. 자신에 대해서 정말 잘 알고 있습니다. 불의를 보면 못 참는 불꽃같은 성격을 가졌다는 것도 잘 알고 있습니다. 이런 성격 때문에 친구들의 문제를 해결하다가 다투기도 했습니다.

자신의 캐릭터를 정할 때, 부모는 맞장구만 치면 됩니다. 좀 허무맹랑한 이야기를 하더라도 반박하지 마세요. 우리는 신문기사나 설명하는 글을 쓰려는 것이 아니라 동화를 쓸 것이기 때문에 허구가 들어가도 상관이 없습니다. 그리고 동화의 주인공은 조금 과장되는 것이 좋습니다. 주인공의 독특한 능력이나 주특기 같은 것도 넣는다면 아이들은 스스로 흥분해서 더 재미있게 이야기를 풀어갈 것입니다.

주인공 캐릭터를 정했으면, 이제 일기에 나오는 주변 인물에 대한 캐릭터를 정하면 됩니다. 주변 인물은 주로 가족, 친구들입니다. 가족의 캐릭터를 정하는 과정에서 아이가 가족들에 대해서 어떻게 생각하는지도 파악할 수 있습니다. 아래는 두 아이가 우리에 대한 캐릭터를 정한 것입니다.

아빠
점돌이(얼굴에 점이 많아서), 뚱뚱보, 키가 작음, 도전 정신이 강함, 장난스러움, 말이 많음, 계획적.

엄마

우리 집 퀸(여왕), 키가 작음, 지혜로움, 요리를 잘함, 기분파, 선생님이라서 잘 가르침, 우리에게도 계속 가르침, 바다를 좋아함, 쇼핑을 좋아하지만 걷는 건 싫어함, 여행을 엄청 좋아함.

친구들의 캐릭터를 정할 때는 엄마 아빠가 이것저것 물어보는 것이 좋습니다. 아이의 친구가 어떤 친구인지 알 수 있는 기회이기 때문입니다. 이름부터 성격, 생각 등 아이에게 영향을 주는 친구 관계를 자연스럽게 부모가 알게 되는 좋은 기회가 됩니다. 혹여 교우관계나 학교생활에서 어떤 문제가 일어났을 때 부모가 아이의 친구관계를 잘 알고 있는 것은 문제를 해결하는 데 좋은 역할을 하게 되기도 합니다.

아이들의 친구 이름이 반복됩니다. 그래서 반 아이들 중 자녀가 친하게 지내는 아이들의 이름을 알 수 있습니다. 큰 아이의 일기에 등장하는 인물로 캐릭터를 잡았습니다. 이름은 가명입니다.

티펫

쌍둥이(형)- 동생보다 키가 작음. 왜소함, 의외로 말발이 강함, 말이 많음.

편식쟁이, 동생 괴롭히기, 외향적

레민
쌍둥이(동생), 덩치가 큼, 덩치에 안 어울리게 그림을 잘 그리고, 눈물이 많음, 말도 많음, 형이 괴롭히면 일방적으로 당함, 내성적

슬기
큰아이의 친구, 여자, 못생김, 안경잡이, 외소, 남자 같은 성격과 목소리, 주먹을 잘 씀, 남자들이 피해 다님

작은아이의 일기에 등장하는 인물로 잡은 캐릭터입니다.

한솔
쌍둥이(형), 내성적, 차분하고, 작은 아이를 잘 바쳐주는 사람

두솔
쌍둥이(동생), 부대장, 힘은 보통, 빠른 편, 작은 아이의 단짝

준
빠르고, 스포츠 승부욕이 강하고, 외형적인 성격

포도

여자, 시크, 예쁨, 독서를 좋아함, 모범생 같지만, 사실은 왈가닥, 힘이 세고 흥분을 잘함, 남자아이들이 무서워함. 하지만 작은 아이는 무서워하지 않음. 왜냐하면 포도에게 장난을 안 함.

가끔씩 아이들의 일기에 함께 등장하는 인물들이 있는데, 그럴 때는 다른 사람이 정한 캐릭터를 그대로 가져오기도 합니다.

두 아이가 같은 주제로 일기를 쓴 경우에는 두 아이의 일기로 하나의 일기동화를 쓰는 것도 좋습니다. 서로 의견 차이가 일어날 수도 있지만, 당시에 생각하고 행동하는 것들을 이야기하면서 서로에 대해서 이해하는 시간을 가질 수 있습니다. 이렇게 하다 보면, 즐거운 일은 두 배의 기쁨으로, 속상하고 기분이 나쁜 것들은 화해하고 기분 전환하는 시간이 될 수 있습니다.

아이의 일기에 나오는 인물들의 캐릭터를 잡아보세요.

※캐릭터를 잡을 때 유용한 팁

1) 여자, 남자 성별 정하기
2) 나이

3) 직업

4) 성격

5) 장점, 약점

6) 인생관, 꿈

7) 성장 배경

8) 외모

9) 가치관

10) 좋아하는 것, 싫어하는 것

주제잡기와 일기동화 초안 잡기

캐릭터를 정했으면, 동화의 주제를 잡아야 합니다. 일기동화는
글감과 함께 주제(일기 제목)가 일기에 들어있기 때문에 주제잡
기가 편합니다. 주제는 일기 제목을 잡으면 됩니다. 아이가 일기
를 쓸 때 이미 이 부분에 대해서 충분히 고민하며 생각하고 썼기
때문에 일기동화 주제를 일기 제목으로 잡으면 됩니다. 혹시 아이
의 일기 제목이 일기 내용과 다르다면, 아이에게 일기에서 무엇을
말하고 싶었는지 물어보면 됩니다.

주제를 정했으면, 아이의 일기를 보면서 질문하고 답하는 형식
으로 이야기를 풀어나가면 됩니다. 질문을 할 때는 '5W1H'를 중
심으로 일기의 내용이 하나씩 물어보면 됩니다. 5W1H는 'When,

Where, Who, What, Why, How'입니다. 어떤 일에 대해서 6가지 질문을 하면 당시 아이가 어떤 상황에 있었는지 알 수 있습니다. 또 그때 아이가 어떤 감정을 가지고 있었는지도 알 수 있습니다.

아이와 이야기를 하다 보면, 앞뒤가 안 맞는 경우도 있습니다. 때로는 주제와 맞지 않는 엉뚱한 말을 하는 경우도 있습니다. 그럴 때 당황하거나 아이를 다그치지 마세요. 일기동화의 목적은 동화를 쓰는 것이 아니라 아이와 많은 대화를 나누면서 소통하는 것에 있습니다. 아이들은 지난 일을 이야기하면서 뒤죽박죽 이야기하거나 상상하면서 이야기하기도 합니다. 맞장구를 쳐주고, 아이가 이야기하는 대로 적어두면 됩니다. 나중에 조금씩 고쳐나가면 되기 때문에, 아이의 이야기를 집중해서 들어주는 것이 중요합니다. 궁금한 것이 있으면 물어보고, 그때의 생각과 기분에 대해서 계속 질문하는 것이 필요합니다. 초안을 잡을 때는 일기에서 아이의 이야깃거리를 끌어내는 것이기 때문에 부모의 의견이나 생각 같은 것들은 되도록 언급하지 않고 관심을 보이며 질문하는 대화가 이루어지는 것이 좋습니다. 어떻게 이야기가 흘러갔는지 아이의 이야기를 중심으로 동화의 기본 틀을 만들어가는 단계입니다. 많은 이야깃거리가 나온다면 보다 탄탄한 일기동화가 될 수 있습니다. 주제에서 조금 벗어나거나 소소한 이야기도 모두 적습니다.

아래는 작은아이와 이야기한 것들을 정리한 초안입니다. 작은 아이의 일기로 대화하면서 정리한 초안을 보면, 이걸 가지고 어떻게 동화를 쓸 수 있겠는가 하는 생각이 들 수 있습니다. 이야기의 순서가 맞지 않는 것도 있고, 어떤 부분에서는 어른들의 생각으로는 도대체 무슨 소리를 하는지 잘 모르는 경우도 있습니다. 하지만, 질문과 대답의 대화를 통해서 아이가 어떤 경험을 했는지 알 수 있습니다. 작은아이가 다친 사마귀를 보고 친구들과 곤충병원을 열었다는 것, 교감선생님께서 사마귀에 알려주셨다는 것, 작은아이가 곤충에 대해서 점점 알아가고 있다는 점에 대해서 알 수 있었습니다. 작은아이가 쓴 일기를 이야기하면서 다시 그때로 돌아가 한껏 신이 난 모습이었습니다. 내용이야 어찌 되든지, 자신이 경험한 일을 부모에게 이야기하는 것 자체만으로도 부모와 충분한 소통을 이루고 있다고 생각합니다.

[곤충병원을 열다 동화 초안]

주제 – 곤충병원을 열면서 곤충에 대해서 점점 알아가기.

방과 후가 끝났어요. 형을 기다렸어요. 놀이터에서 다친 사마귀를 봤어요. 어디가 다쳤어? 다리가 다친 사마귀요. 다리가 절단된 사마귀요. 이 사마귀만은 편안하게 살려주고 싶다. 이 환자만은 살리고 싶다. 불쌍했어요. 그때 교감선생님이 놀이터로 오셔서 사마귀는 알을 낳고 죽는다고 알려주셨다. 그 말을 들었을 때 불쌍한 마음이 들었다. 곤충병원을 열어야겠다고 생각했다. 나 혼자만은 힘들다. 친구들을 도움을 받아야겠다. 그래서 모인 친구들이 한솔이, 두솔이가 모였다.

곤충병원을 열다. 나는 원장, 한솔이는 부원장, 두솔이는 의사였다. 우리가 사마귀를 두 마리를 보고, 수술을 하려고 할 때 메뚜기가 내장이 밖으로 나온 게 보였다. 그래서 사마귀 수술은 뒤로 미루고 메뚜기부터 수술하기 시작했다. 수술은 성공적이었다. 이제 사마귀 수술을 하면 된다. 그런데 메뚜기를 수술하는 동안 아기 사마귀가 도망갔다. 그 사마귀를 잡으려고 당분간 진료를 못 봤고, 스쿨버스 탈 시간이 돼서 문을 닫을 수밖에 없었다.

그 다음 날, 아기 사마귀의 몸은 배수관 안에 있었다. 구하려고 했지만, 힘이 없어서 어쩔 수 없이 아기 사마귀는 포기할 수밖에 없었다. 도망간 아기 사마귀는 배수관에 떨어져 있었고, 엄마 사마귀는 이미 알을 낳고 죽은 것 같았다. 시신이 없는 걸 보니까 아마도 누가 잡아먹은 것 같다. 다른 사마귀 수술을 했고, 앞으로 계속 곤충병원을 열 것이다.

일기동화 쓰기 초안을 만들어봅시다.

※ 일기동화 쓰기 초안을 만들 때 필요한 것

1) 5W1H로 질문하기

2) 아이의 이야기에 경청하기

3) 맞장구치면서 소소한 이야기까지 적기!

장면 나누기

일기동화의 초안을 잡았다면, 초안을 이제 시간, 장소에 따라서 장면들을 나누면 됩니다. 각각의 장면들에 대해서 대화하면서 몸집을 불리는 단계입니다. 일기 선택, 캐릭터 잡기, 동화 초안 잡기는 많은 시간이 필요하지 않습니다(일기 선택과 캐릭터 잡기-10분 정도, 동화 초안 잡기-10분 정도). 하지만 줄거리에 몸집을 불리는 단계에서는 많은 시간이 필요합니다. 장면을 나누게 되면 시간이 부족한 상황에서 각 장면을 끊어가면서 대화를 나눌 수 있다는 장점이 있습니다. 또한 초안을 작성할 때보다 더 깊은 이야기를 풀어가기 때문에 장면별로 나누는 것이 좋습니다.

각각의 장면을 나누는 것에 부모가 부담을 가질 필요는 없습니다. 여기에는 맞고 틀리는 것이 없기 때문입니다. 부모의 생각에 나누고 싶은 대로 나누면 됩니다. 일기동화는 동화를 어떻게 완성도 있게 만드는 것이 목적이 아니라 일기동화를 쓰면서 부모가 자녀와 대화하면서 소통하는 것이 목적이기 때문에 부담을 가지지 않아도 괜찮습니다. 그리고 일기동화를 거듭해서 쓰다 보면 아이뿐만 아니라 부모도 실력이 늘어갑니다. 특별한 교육을 받지 않아도 자연스럽게 장면을 나눌 수 있게 되니 걱정하지 마세요.

아래는 작은아이와 함께 작성한 초안을 여섯 장면으로 나눈 것입니다. 그리고 아이와 함께 만들었던 캐릭터도 있습니다.

[곤충병원을 열다 - 살 붙이기 단계 나누기]

#1
방과후가 끝났어요. 형을 기다렸어요. 놀이터에서 다친 사마귀를 봤어요. 어디가 다쳤어? 다리가 다친 사마귀요. 다리가 절단된 사마귀요. 이 사마귀만은 편안하게 살려주고 싶다. 이 환자만은 살리고 싶다. 불쌍했어요. 그때 교감선생님이 놀이터로 오셔서 사마귀는 알을 낳고 죽는다고 알려주셨다. 그 말을 들었을 때 불쌍한 마음이 들었다. 곤충병원을 열어야겠다고 생각했다.

#2
나 혼자만은 힘들다. 친구들을 도움을 받아야겠다. 그래서 모인 친구들이 한솔이, 두솔이가 모였다. 곤충병원을 열다. 나는 원장, 한솔이는 부원장, 한솔이는 의사였다.

#3

우리가 사마귀를 두 마리를 보고, 수술을 하려고 할 때 메뚜기가 내장이 밖으로 나온 게 보였다. 그래서 사마귀 수술은 뒤로 미루고 메뚜기부터 수술하기 시작했다. 수술은 성공적이었다. 이제 사마귀 수술을 하면 된다. 그런데 메뚜기를 수술하는 동안 아기 사마귀가 도망갔다. 그 사마귀를 잡으려고 당분간 진료를 못 봤고, 스쿨버스 탈 시간이 돼서 문을 닫을 수밖에 없었다.

#4

그다음 날, 아기 사마귀의 몸은 배수관 안에 있었다. 구하려고 했지만, 힘이 없어서 어쩔 수 없이 아기 사마귀는 포기할 수밖에 없었다. 도망간 아기 사마귀는 배수관에 떨어져 있었고, 엄마 사마귀는 이미 알을 낳고 죽은 것 같았다. 시신이 없는 걸 보니까 아마도 누가 잡아먹은 것 같다.

#5

다른 사마귀 수술을 했고, 앞으로 계속 곤충병원을 열 것이다.

캐릭터

주인공- 작은아이

같이 도우면서 일하는 사람, 대장(리더, 보스), 어떤 상황이든지 침착하게 해결하는 사람, 솔로몬처럼 지혜로운 사람, 힘은 보통, 빠른 편, 정의로운

사람, 불의를 보면 못 참는 성격, 열혈소년

한솔

쌍둥이(형), 내성적, 차분하고, 작은아이를 잘 바쳐주는 사람

두솔

쌍둥이(동생), 부대장, 힘은 보통, 빠른 편, 작은아이의 단짝

준

빠르고, 스포츠 승부욕이 강하고, 외형적인 성격

포도

여자, 시크, 예쁨, 독서를 좋아함, 모범생 같지만, 사실은 왈가닥, 힘이 세고 흥분을 잘함, 남자아이들이 무서워함. 하지만 작은아이는 무서워하지 않음, 왜냐하면 포도에게 장난을 안 함.

살 붙이기와 각 장면에 알맞은 옷 입히기

일기동화 쓰기의 초안을 각 장면별로 나눴다면, 아이에게 보여주고 앞으로 일기동화 쓰기를 장면별로 쓴다고 말해주는 것이 좋습니다. 아이 스스로 부모와 무엇인가를 만들어가고 있다는 생각을 하면, 일기동화 쓰기에 더 집중하고 기다립니다. 아이가 일기

동화 쓰기에 익숙해지면, 장면을 나누는 것도 아이에게 맡기면 잘 합니다.

작은아이와 함께 일기동화의 초안을 다섯 장면을 나누었습니다. 이제 각 장면마다 다시 더 깊은 대화를 하면서 자세한 상황을 이끌어내면 됩니다. 이 단계에서 중요한 것은 자녀가 이야기하는 것에 조금 과장된 부모의 반응이 필요합니다. 조금 쉽게 이야기하자면, 리액션이 필요합니다. 계속 강조하는 부분이지만, 우리의 목적은 동화를 잘 쓰기 위한 것이 아닙니다. 자녀와 함께 일기동화를 쓰면서 대화하고 소통하는 목적입니다. 이것을 잊으면 안 됩니다. 왜냐하면, 시간이 지나면서 부모의 마음에 뭔가 잘 써야겠다는 생각이 들면 아이를 훈육하거나 가르치거나 부모의 생각을 강요하게 되기 때문입니다. 조금 과하게 말하자면, 아이 입장에서는 이 시간을 대화의 시간이 아니라 훈육이나 공부하는 시간이라고 생각합니다. 그러다 보면, 이 시간이 괴로워집니다. 아이와 대화를 하려고 만든 시간이 오히려 아이의 입을 닫아버리는 시간이 됩니다. 아이가 이야기하는 대로 그대로 다 받아주면서 재미있게 풀어 가면 됩니다. 부모 생각에 주제와 너무 동떨어진 이야기를 할 때 다시 제자리로 가도록 하는 역할만 해주면 됩니다.

여기까지 진행을 했다면, 매끄럽지는 않지만 어느 정도 일기동화의 틀을 형성한 것입니다. 아이에게 수정안을 보여주면서 다음 단계에서 섬세한 부분들을 하나씩 채워나가자고 이야기하고, 어떻게 하면 좋을지 한번 생각해 보자고 제안을 합니다. 아이들은 스스로 여러 가지 생각을 합니다. 들어보면, 내 아이가 맞나 싶을 정도로 기발한 이야기들이 나옵니다. 상상력은 부모보다 아이들이 더 풍부합니다.

만약 일기동화 쓰기를 처음 하는 것이면, 1단계까지만 하는 것도 좋습니다. 여기까지 함께 이야기한 것을 정리해도 좋은 일기동화가 나옵니다. 처음부터 무리할 필요는 없습니다. 우리의 목적은 동화가 아니라 소통에 있는 것이기 때문입니다. 나중에 어느 정도 익숙하게 되면, 그때 2단계로 진행해도 됩니다.

처음 일기 선택부터 1단계까지 매일 10분씩 대화하면 일주일에 한 편의 일기동화를 쓸 수 있습니다. 시간이 많이 있는 주말에는 조금 더 시간을 보내도 됩니다. 하지만 30분을 넘기지 않아야 합니다. 아이의 상태에 따라서 지루해하거나 힘들어하기 때문입니다. 부모의 욕심은 금물입니다. 1단계까지 살 붙이기 한 원고를 읽어보면 어느 정도의 틀이 갖춰진 일기동화가 완성됩니다. 개인차이가 있을 수 있지만, 1단계로 10편 정도의 일기동화를 쓰면 2단계로 넘어가도 좋습니다.

일기동화 쓰기의 1단계가 익숙해졌다면, 이제 각 장면의 분량을 더 늘려가고, 장면마다 알맞은 옷들은 입히는 2단계를 시작합니다. 2단계부터는 부모의 기술적인 부분이 조금 필요합니다. 1단계까지는 주로 아이가 중심이 되어 줄거리와 살 붙이기를 했다면, 2단계에서는 부모가 어떤 질문을 하느냐에 따라서 조금씩 차이가 날 수 있습니다.

취재 글이나 인물 인터뷰를 할 때 깊이나 좋은 글을 쓰기 위해서는 기자의 질문이 정말 중요합니다. 기자가 어떤 질문을 하느냐에 따라서 취재원들이 깊이 있는 대답을 하기 때문입니다. 핵심적인 부분과 꼭 필요한 부분을 살피기 위해서는 기자가 먼저 취재하는 단체나 사람에 대한 선지식과 그 분야에 대한 전문적인 지식이 있어야 합니다. 그래서 각 언론마다 분야별 전문 기자가 있습니다. 아무런 준비 없이 무작정 찾아가서 취재를 하거나 인터뷰를 하게 되면, 알맹이가 없거나 수박 겉핥은 식의 글로 나올 뿐입니다.

2단계에서부터는 부모가 자녀에 대해서 얼마나 많은 정보를 알고 있느냐에 따라서 그 깊이가 정해집니다. 아이의 삶에 대해서 많이 알면 알수록 깊이 있는 질문이 나올 수 있기 때문입니다. 2단계에서 부모가 아이에게 상황에 따라 여러 가지 질문을 하고,

때로는 부모가 의견을 제시해서 아이가 선택할 수 있도록 합니다. 이때 주의할 것은 너무 많은 의견을 내면, 아이가 선택하기 힘들기 때문에 2-3가지 의견 정도면 좋습니다.

1단계의 일기동화의 원고를 아이와 함께 읽으면서 장면마다 보다 재미있게, 조금은 과장된 것들을 넣는 단계입니다. 동화는 사실을 그대로 기록하는 것이 아니기 때문에 조금 더 재미있는 장면을 연출하기 위해서 일어나지 않는 일을 집어넣거나 실제로 있지 않는 다른 인물들을 집어넣는 것도 좋습니다. 어떤 장면에서는 과장된 행동을 쓰거나 상황을 극대화시키는 것도 재미있습니다. 부모가 직접 아이에게 제시하거나 아이가 스스로 생각하도록 하고, 선택은 아이가 직접 하도록 하면서 이야기해 보세요.

마지막에는 책의 부록 형식으로 작은아이와 함께 인터넷에서 사마귀에 대해서 찾았습니다. 사마귀에 대해서 새로운 것들을 발견하고 한참 동안 이야기했습니다. 사마귀 중에서 25cm 정도 된 것도 있고, 새까지 먹는다고 합니다. 그리고 암컷이 알을 낳기 위해서 짝짓기를 하고 수컷을 잡아먹는다는 것도 알았습니다. 일기동화를 쓰는 동안 작은아이는 아기 사마귀가 엄마 사마귀를 잡아먹는 건 아닐까 하는 생각도 했었는데, 사마귀에 대해서 조사하면서 암컷이 수컷을 잡아먹는다는 것을 알았습니다. 이 사실을 알고 작은아이는 기겁을 했습니다. "남편을 먹다니!"

　이렇게 한 가지 주제를 이야기하면서 서로에 대한 생각들을 나
눈다면 좋은 대화를 나누게 됩니다. 일기동화 쓰기가 반복되면 될
수도 서로에 대해서 보다 많은 것들을 알게 됩니다. 그리고 그만
큼 더 깊이 있는 대화를 나눌 수 있습니다. 이때 부모가 아이에 대
해서 알아가는 것도 중요하지만, 아이가 부모에 대해서 알아가는
것도 중요합니다. 아이의 이야기에 집중해서 경청하면서 필요하
다면 부모의 이야기도 하면 좋습니다. 그래서 우리는 아이들에게
우리가 좋아하는 것, 싫어하는 것들을 자주 이야기합니다. 아이들
이 가을이 되면, "아빠가 좋아하는 가을이다" 하고 말합니다. 시원
한 바람이 불면, "이 바람, 아빠가 좋아하는 바람인데, 나도 이 바
람 좋아" 하고 말합니다. 길을 가다가 화장품 가게에서 매니큐어
를 보면, '엄마, 매니큐어 바르는 거 좋아하는데' 생각하고, 어느
날인가는 엄마를 위해 매니큐어를 사주고 싶다고 엄마 손을 잡고
화장품 가게에 갔습니다. 이런 것들이 서로 소통하고 있는 것이
아닐까 싶습니다. 부모만 아이에 대해서 아는 것에서 벗어나 아이
도 부모에 대해서 아는 것이 진정한 소통이라 생각합니다.

　2단계까지 숙지가 되면, 각 장면들을 꾸며주는 단계로 넘어갑니
다. 3단계는 2단계까지 숙지가 된 상태에서 진행하는 것이 좋습니

다. 처음부터 무리하게 3단계까지 하려면 부모는 부담감으로, 아이는 지루함으로 중도에 포기할 수 있기 때문입니다.

지금까지 일기동화 이야기는 시간이 흘러가면서 각 장소에서 일어난 일들을 순서적으로 정리했습니다. 여기에서는 보다 생동감 있거나 반전의 느낌을 주기 위해서 다양한 플롯을 정합니다. 처음에는 시간별로 하는 것이 좋습니다. 이 방법이 어느 정도 익숙해지면, 중간이나 결론 부분을 앞으로 옮기고 회상하는 것처럼 이끌어 가는 것도 좋습니다. 때로는 인물별로 일어난 사건들을 나열하는 방법도 좋습니다.

플롯을 정했다면, 처음부터 아이와 일기동화를 읽으면서 꾸며주는 말들을 넣어줍니다. 형용사, 부사, 의태어, 의성어 등 각 단어들을 꾸며주는 말들을 함께 생각하면서 넣어주면, 보다 생동감 넘치는 동화로 재탄생할 수 있습니다.

아래는 작은 아이와 2단계 원고를 보면서 각 장면들에 꾸며주는 말들을 넣어서 보다 생동감 있게 만들었습니다.

제목: 아름다운 곤충병원 이야기

수술실

"매스."

한솔이가 매스를 나에게 줬다. 아주 중요한 순간이다. 잘못하면 지금까지 한 모든 것들이 물거품이 될 수도 있다. 이마에서 땀이 흐르고 있다.

"땀"

한솔이가 땀을 닦아주었다.

"봉합."

드디어 수술이 끝났다.
내장이 밖으로 나온 메뚜기 수술은 성공적이었다.

곤충병원 원장, 배승하
나는 배승하. 아름다운곤충병원 원장이면서 1학년 1반 반장이지. 1학년 인데, 어떻게 곤충병원 원장이 됐냐고?

지금부터 내가 어떻게 곤충병원 원장이 됐는지 알려줄게.

다친 사마귀를 발견한 작은 아이

내 소개를 하지. 나는 리더야. 대장이라는 말이지. 어떤 상황이든지 침착하게 문제를 해결하지. 마치 솔로몬처럼 지혜롭게 말이야. 힘은 강호동처럼 세지 않지만, 속도는 우사인 볼트처럼 빨라. 불의한 일을 보면 못 참는 성격이야. 난 정의로운 사람이지. 어때? 멋지지?

오늘 이야기는 가을운동회를 앞둔 어느 날, 방과 후가 끝난 오후 시간에 있었던 일이야. 난 형을 기다리기가 너무 심심해서 놀이터에 갔어. 그런데 놀이터에는 아무도 없었어. '뭐~ 할 거 없나?' 생각하면서 주변을 고개를 좌우로 앞뒤로 돌리면서 쭉 둘러보았어. 그러다가 나무 밑에 있는 사마귀를 보았어. 그런데 사마귀가 움직이지 않고 가만히 있는 거야. 내가 자세히 보니까, 사마귀의 다리가 하나 없었어. 그래서 걷지 못하고 그냥 누워 있었지. 마치 죽어 있는 것처럼 말이야.

그때 교감선생님이 성큼성큼 놀이터에 오셨어. 교감선생님은 키가 크시고, 다리가 길어서 걸으실 때, 성큼성큼 걸으셔. 마치 농구선수처럼. 교감선생님이 사마귀를 보시고 이렇게 말씀하셨어. "사마귀는 알을 낳고 죽는단다." 나는 교감선생님의 말씀을 듣고, 기절할 뻔했어. 왜냐고? 사마귀가 불쌍하잖아. 엄마 없이 살면 너무 불쌍해. 만약에 사람도 엄마 없이 혼자 산다면 얼마나 힘들겠어. 나한테 엄마가 없다는 것은 생각도 한 적이 없어. 생각만 해도 너무, 완전, 대박 슬퍼. 나는 불쌍한 마음이 들었어. '사마귀를 고쳐주고 싶다.' 이런 마음이 들었지. 그래서 곤충병원을 열어야겠다고 결심했어.

곤충병원을 열다

내가 제일 먼저 뭘 했을까? 병원에는 많은 사람이 필요해. 그래서 같이 병원에서 일한 친구들을 모았지. 나는 먼저 도서관으로 우사인 볼트처럼 재빠르게 뛰어갔어. 도서관에는 친한 친구들이 있었거든. 도서관에 들어갔더니 한솔이와 두솔이 그리고 포도가 책을 조용히 보고 있었어.

"한솔아~ 두솔아~"
나는 조용히 애들을 불렀어. 도서관이라서 소리를 지르면 안 되잖아.
"왜 승하야~ 무슨 일 있어?"

한솔이도 조용히 대답했어.

"애들아~ 놀라지 마. 나랑 병원에서 일을 해야겠어."

"뭐라고???????"

한솔이와 두솔이가 돼지처럼 콧구멍이 엄청 커지고, 눈은 만두처럼 생기면서 깜짝 놀라며 물었어.

"지금 놀이터에 다친 사마귀가 있는데, 곤충병원을 열어서 우리가 고쳐줘야겠어."

나랑 한솔이, 두솔이가 이야기하고 있는 것을 보고, 포도가 무슨 일인지 궁금해서 순식간에 왔어.

"먼 일이야?"

포도가 물었어.

"깜짝이야"

우리는 포도가 오는지도 몰랐어.

"아~ 아무것도 아니야. 스포츠 얘기야."

내가 왜 거짓말을 했냐고? 포도가 끼면 엄~청 골치가 아프거든. 이렇게 해라, 저렇게 해라, 뭐하냐, 잔소리 대마왕이야.
하지만 포도는 우리가 먼가를 하고 있다는 것을 아는 것처럼 계속 물었어.

"무슨 일 있구먼. 대답해. 안 그러면 맞는다."

나는 한솔이랑 두솔이에게 눈빛을 보내며 이야기했어.

"하나, 두~울, 셋. 뛰어."

우리는 정신없이 놀이터로 뛰어갔어. 뒤에서 포도는 씩씩거렸지만, 어쩔 수 없었어.

여기서 잠깐, 내 친구들 소개가 늦었네. 내 친구들을 소개할게.

먼저, 한솔. 쌍둥이인데, 형이야. 내성적이고, 차분하면서 다른 사람을 잘 도와주는 친구지.

다음은 두솔. 한솔이는 쌍둥이이고, 동생이야. 리더십이 강하고, 힘은 보통이지만, 나처럼 재빠르지. 나랑 비슷한 점이 많아서 내 단짝 친구야.

도서관에서 만났던 포도. 포도는 예쁜데, 새침해. 책을 좋아해서 도서관에서 책을 읽는 시간이 많아. 모범생 같은데, 왈가닥이야. 힘이 세고, 화산이 자주 폭발해. 그리고 남자애들을 잘 때려. 조심해야 해. 맞으면 아파. 많이 아파. 하지만, 난 포도에게 맞지 않아. 왠지 알아? 남자 친구라서?

아니야. 난 신사라서 포도에게 장난을 안 쳐. 그러니까 맞지 않는 거야.

없어진 사마귀

한솔이하고, 두솔이랑 놀이터 와서 곤충병원을 열었어. 병원 이름은 아름다운곤충병원이야. 병원장은 나야. 한솔이는 부원장, 두솔이는 의사야. 우리는 먼저, 수술을 시작했어. 그런데 다리가 잘린 사마귀보다 더 위급한 환자가 있었어. 바로 메뚜기야. 메뚜기의 내장이 밖으로 나와 있었어. 우리는 메뚜기의 내장을 넣는 수술부터 시작했어. 내가 직접 집도했고, 한솔이랑 한솔이가 옆에서 도왔어. 수술은 성공적이었어. 이제 다리가 잘린 사마귀 수술을 해야 해.

"승하야~ 사마귀가 없어졌어."

한솔이가 큰 소리로 말했어.

"뭐~ 사마귀가 없어졌다고?"

우리가 메뚜기를 수술하는 동안 사마귀가 사라진 거야. 사마귀를 찾기 위해 놀이터 이곳저곳을 다녔어. 한참 찾고 있는데, 큰 소리가 들렸어.
"빵~ 빵~ 빵~"

이게 무슨 소리냐고? 스쿨버스를 타라는 소리였어.

"아이코~ 스쿨버스 출발하는 소리다. 빨리 뛰어!"

나는 가방을 메고 스쿨버스가 있는 곳으로 후다닥 달려갔어. 수술하느라 시간이 이렇게 많이 흘러갔는지 몰랐어. 집에 가려면 스쿨버스를 꼭 타야 하거든. 스쿨버스 못 타면, 30분 동안 걸어야 해. 어쩔 수 없이 사마귀도 못 찾고 병원 문을 닫았어. 사마귀는 어디로 간 걸까?

불쌍한 사마귀

다음 날, 방과 후 시간이 끝나고 나는 다시 아름다운곤충병원이 열렸어. 오늘은 한솔이가 도서관에서 책을 읽는다고 해서 함께하지 못했어. 부원장이 그러면 안 되는데. 해고시킬까 생각했지. 하지만, 내 친구니까. 봐주지 뭐. 그 대신 포도하고 준이가 곤충병원에 함께 했어. 포도가 놀이터에서 뭘 했냐고 물어봐서, 안 맞으려고 사실대로 이야기했어. 내가 만약, 계속 이야기하지 않았다면, 내 뼈는 없어졌을 거야. 마치 문어처럼 말이야. 흐물흐물~ 포도가 곤충병원 소리를 듣고, 자기는 간호사 한다고 왔어. 참, 준이를 소개하지 못했네. 준은 몸이 빠르고, 운동을 할 때 승부욕이 강한 친구야. 지는 걸 너무 싫어해. 성격이 정말 좋아서 나랑 잘 놀아. 우리가 곤충병원을 연다는 소리를 듣고 준이도 같이 놀자고 했어.

우리는 어제 도망간 사마귀부터 찾았어. 다리가 잘린 사마귀는 보이지 않았어. 대신 한솔이가 아기 사마귀를 금방 찾았어.

"여기 있다!"

한솔이가 땅이 흔들릴 정도로 이야기했어.

"어디?"

우리는 모두 한솔이 있는 곳으로 쭈르르 달려갔어.

"여기 봐"

한솔이가 손가락으로 가리키는 곳을 봤어. 거긴 배수관이었어. 거기에 아기 사마귀가 있었어. 움직이지 않는 것을 보니까 죽은 거 같았어.

"야~ 아기 사마귀를 꺼내자!"
"그래~"

나랑 친구들이 배수관에서 아기 사마귀를 꺼내려고 했지만, 배수관 뚜껑을 열기에는 힘이 부족했어. 우리에게 토르가 필요했어. 우리는 어쩔 수 없이 아기 사마귀를 포기할 수밖에 없었어. 다리 잘린 엄마 사마귀는 이미 죽은 것 같았어. 교감선생님 말씀처럼 알을 낳고 죽은 거지.

"사마귀가 너무 불쌍해~"

곤충병원은 계속

나는 친구들과 다른 사마귀들을 찾아서 계속 수술을 했다. 곤충병원을 하면서 점점 곤충에 대해서 잘 알게 되는 것 같아. 그래서 앞으로 곤충병원은 계속 쭉 할 거야.

어떻게 멋진 일기동화가 완성됐습니까?

일기동화 쓰기가 부모에게 부담감이 될 수 있지만, 아이의 삶의 이야기로 함께 대화하는 것에 아주 좋은 매개체라 생각합니다. 일기동화를 쓰면서 아이의 마음과 생각을 들을 수 있고, 부모가 아이에게 꼭 해주고 싶은 이야기도 할 수 있습니다. 아이와 가볍게 수다를 떤다는 생각으로 편안하게 하면 됩니다. 겁먹거나 힘들어할 필요가 없습니다. 아이와 부모가 공유한 소중한 이의 이야기이기 때문에 일기동화의 완성도는 그다지 중요하지 않습니다. 아이와 아름다운 추억을 쌓았다면 그것으로 족합니다.

5장
편지공책으로 아이와 마음나누기

편지공책으로 아이와 마음나누기

엄마 아빠랑 주고받는 편지공책

'엄마 아빠랑 주고받는 편지공책'은 부모와 자녀가 서로의 마음을 표현한 편지를 주고받는 공책입니다. 한 주 동안 고마웠던 일과 즐거웠던 일 뿐만 아니라 서운했던 일이나 바라는 점 등 말로 하지 못했던 마음속의 이야기를 편지글로 표현하도록 합니다. 일회성 편지에 그치지 않고 장기간 주고받은 편지가 한 권의 공책에 차곡차곡 모아지게 됩니다.

초등학교 2학년을 대상으로 엄마 아빠랑 주고받는 편지공책에 대한 연구를 했습니다. 먼저 기존[1]에 인성검사를 참고하여 연구

1) 김형재, 『대학생을 위한 인성교육의 이해와 실제』 서울:창지사, 2017. 홍경자, 『자기주장과 멋진 대화』 서울:학지사, 2006.

자료에 맞게 '나의 소통지수'와 '부모님과 소통'으로 재구성했습니다. '나의 소통지수'에서는 핵심덕목인 소통을 경청, 공감, 배려, 관계로 구분하여 각 덕목에 대해 측정했습니다. 학생들을 대상으로 '나의 소통지수'와 '부모님과의 소통'에 대한 문항을 설명해주었고, 설문지에 1~5점에 체크하도록 했습니다.

인성 검사(소통지수) 결과 전체 평균 환산 점수가 53.6점으로 현저하게 낮게 나타났습니다. 특히 친구에게 '내 이야기를 잘하는 편이다'에서는 최저점인 34.4점으로 나타났습니다. 이는 가정에서 자신의 이야기를 부모에게 잘하지 못하기 때문으로 여겨집니다. 자신의 이야기가 부모로부터 쉽게 거절당한 경험 때문에 마음 깊은 이야기를 하지 못합니다. 이런 영향이 친구와의 관계에 있어서도 나타난 것으로 여겨집니다.

부모와의 소통 결과를 살펴보면, 전체 평균 환산 점수가 63.4점입니다. 특히 '부모님께 내 이야기를 잘한다'의 문항이 56.8점으로 가장 낮게 나타났습니다. 이것은 위의 인성검사 결과와 동일하게 부모와의 관계가 대인관계(친구)에도 영향을 미친다는 것을 알 수 있습니다. 부모와의 소통이 친구와의 소통과 관련된 것을 '나의 소통지수'와 '부모와의 소통'으로 알 수 있었습니다. 또한 검사 결과 전체적으로 낮은 점수를 기록했습니다.

아이와 마음나누기를 위한 프로그램으로 '엄마 아빠랑 주고받는 편지공책'을 활용했습니다. 편지공책은 부모와 자녀가 평소에 말로 표현하지 못했던 속마음이나 쑥스러워서 하지 못했던 말들을 편지로 주고받을 수 있도록 만든 일종의 교환노트입니다.

서로의 마음을 이해할 수 있는 소통의 통로

엄마와 아빠는 일터로, 아이들은 학교와 학원으로 뿔뿔이 흩어져 하루를 보내다가 저녁에 잠깐 만나서 숙제나 준비물 정도만 확인하고 각자 또 잠자리에 들 수밖에 없는 현실. 바쁜 현실에서 이 편지공책은 부모와 자녀가 서로를 더 깊이 생각하고 이해할 수 있는 기회를 제공하는 역할을 해 주었습니다.

아이들은 학교에서 부모님을 생각하며 감사의 마음, 사랑의 마음, 서운했던 마음들을 연필로 꾹꾹 눌러 쓰기 시작했고, 부모님의 답장을 기다리며 행복한 시간을 보냈습니다. 일이 바빠서 피곤해서 아이들의 이야기를 들어주지 못했던 엄마 아빠도 아이들의 진심 어린 편지를 받고 사랑의 표현을 할 수 있었던 소중한 기회를 갖게 되었습니다.

특별히 일회성에 그치는 편지가 아니라 지속적으로 주고받으며 대화와 소통을 이끌어내는 과정에서 사랑과 공감을 받은 아이들은 학교에서도 다른 사람과 더욱 원활하게 소통하고 공감해주는 방향으로 성장해 간다는 유의미한 결과를 얻게 되었습니다.

이렇게 편지공책은 아이들과 그 가족에게 의미 있는 소통과 공감의 매개체가 되어주었습니다. 아래는 몇몇의 사례를 소개합니다.

1. '욱'하던 똘똘이

똘똘이는 평소 교실 수업 활동 시 적극적으로 손을 들어 발표하기를 좋아했습니다. 또래 친구들 중에서 지식과 상식이 풍부한 편이었고, 자기가 알고 있는 것을 친구들에게 가르쳐주기를 좋아했습니다. 하지만 모둠 활동이나 놀이 활동 시 자기주장이 강하여 자기 의견이 받아들여지지 않을 때는 쉽게 화를 냈고, 예민하고 다소 신경질적인 성격으로 화가 나면 신체적인 폭력을 가하는 등 친구들과 다툼이 잦았습니다.

편지공책을 활용하기 전에 소통지수는 평균 54점이었던 아이가 편지공책을 활용한 후에 평균 82점으로 향상 되었습니다. 학교 모둠 활동에서 다른 사람의 의견도 수용하는 모습을 보였고, 놀이

활동 시 친구들과 함께 규칙을 정하여 즐겁게 놀이에 참여할 수 있게 되었습니다. 친구들과의 관계에서 종종 화를 낼 때도 있지만 화가 날 때 잠깐 참고 생각할 수 있는 여유로운 모습을 보이기 시작했습니다. 특히 폭력을 사용하는 모습이 눈에 띄게 줄었습니다.

2. 무기력했던 소심쟁이

소심쟁이는 전학생으로 새로운 학교와 친구들에게 적응하기를 어려워하며 무기력한 모습을 보였습니다. 학습 활동 시 소극적이며 발표를 전혀 하지 않았고, 대부분의 학습활동에 흥미가 없는 편이며 학습 결과물도 미흡했습니다. 모둠 활동을 해야 할 때 혼자 엎드려 있는 경우가 많았고, 역할 놀이 등의 학습 활동에서 아무 역할도 맡지 않으려고 했습니다. 부모님과 주고받는 편지공책에 쓸 말이 없다며 엎드려 있기만 하고 쓰지 않으려고 했습니다.

편지공책 활용전 소통지수는 평균 46점이었습니다. 6개월 동안 편지공책을 한 후에 소통지수는 무려 평균 92점이었습니다. 학교에서 수업시간에 엎드려 있는 모습이 눈에 띄게 줄었고, 학교생활에 차차 적응하면서 모둠 활동에도 조금씩 참여하는 모습을 보였습니다. 학습 활동 시 자신의 경험을 이야기하는 시간에 손을 들고 발표하는 모습을 보였으며, 쉬는 시간에 선생님과 친구들에게 먼저 다가가서 이야기를 나누었습니다. 편지공책 쓰기를 즐거워하며 답장 받은 것을 교사에게 자랑하고 싶어 했습니다.

3. 자신감 없던 부끄럼쟁이

부끄럼쟁이는 주어진 학습과제를 성실하게 수행하며, 교사의 지시나 권유에 잘 따르는 편이었습니다. 친구들과의 놀이 활동 시 자신의 의견을 말하지 않고 친구들의 의견대로 따랐습니다. 학교 생활 전반에 걸쳐 소심하고 자신감 없는 모습을 보였고, 수업시간에 손을 들고 발표하는 일이 없었습니다. 모둠 활동을 할 때 자신의 의견을 잘 말하지 않았고, 마음이 약하고 눈물이 많아 사소한 일에도 말로 표현하지 못하고 우는 모습을 자주 보였습니다.

편지공책을 하기 전 소통지수는 평균 50점이었습니다. 이후 소통지수는 78점이었습니다. 모둠 활동에 조금씩 참여하며 의견을 내는 모습을 보였고, 엄마가 써준 편지를 교사에게 가지고 와서 보여주며 행복해했습니다. 쉬는 시간에 친구들에게 먼저 다가가서 이야기를 나누고 함께 놀기를 권하기도 했습니다. 자신의 경험을 이야기하는 시간에 작은 목소리지만 손을 들고 발표하려는 모습을 보였고, 학교에서 우는 모습이 눈에 띄게 줄었습니다.

4. 고집 세던 순수소녀

순수소녀는 친구들과 함께 놀기보다는 혼자 그림을 그려서 교사에게 선물하기를 좋아했습니다. 규칙이나 질서를 지키는 것을 어려워하며 하고 싶은 대로 고집을 부리기도 했습니다. 친구를 종종 놀리며 자기를 놀리는 친구를 교사에게 자주 이르는 편이었고, 수업시간 중에 앞으로 나와서 화장실이나 보건실을 가고 싶다고 말하는 경우가 자주 있었습니다. 모둠 활동을 할 때 친구들의 의견이 마음에 들지 않으면 활동에 참여하지 않는 모습을 보였으며, 자신의 의견을 조리 있게 표현하지 못하고 큰소리로 울면서 말하는 모습을 자주 보였습니다.

편지공책을 하기 전 소통지수는 평균 62점이었습니다. 이후 소통지수는 74점으로 12점 향상되었습니다. 쉬는 시간에 친구들과 함께 보드게임 등의 놀이를 즐기고, 교사에게 친구를 이르는 일이 줄었으며, 친구들과 다툼이 적어졌습니다. 수업 시간에 화장실을 갈 때는 자기 자리에서 손을 들고 말하려고 노력하는 태도를 보였고, 자신의 의견을 이야기 할 때 천천히 생각하여 알맞은 이유를 들어가며 말하는 모습을 보였습니다. 울면서 큰소리로 고집을 부리는 일이 현저히 줄어들고 울음을 참으며 차분히 이야기하려고 노력했습니다.

5. 낯설고 어색했던 새 친구

새 친구는 학교폭력대책위원회의 결정으로 학급 이동되어 2학기에 새로 입급하게 된 학생이었습니다. 새 친구는 새로운 학급의 교사와 친구들에게 적응하기를 어려워하며 소심한 모습을 보였고, 학습 활동 시 소극적이며 발표를 전혀 하지 않았습니다. 대부분의 학습활동에 흥미가 없는 편이며 학습 결과물도 미흡했습니다. 모둠 활동을 할 때 혼자 학용품을 가지고 놀거나 딴청을 피우는 경우가 많았고, 쉬는 시간에 친구들과의 보드게임에서 정한 규칙을 가볍게 여기며 자기만의 규칙을 정해 친구들과 놀이를 함께 하기 어려우며 잦은 다툼을 일으켰습니다. 부모님께 편지쓰기 활동에 흥미를 느끼지 못하며 쓸 내용을 떠올리려는 노력을 하지 않았습니다.

편지공책을 하기 전 소통지수는 평균 26점이었으나, 이후 78점으로 무려 52점이나 향상되었습니다. 새 친구는 수업시간에 발표를 하려고 손을 드는 모습을 보였고, 새로운 학급에서의 학교생활에 차차 적응하면서 모둠 활동에도 조금씩 참여하는 모습을 보였습니다. 여러 가지 학습 활동을 할 때, 잘하지 못하더라도 끝까지 해보려는 모습을 보였습니다. 쉬는 시간에 친구들과 함께 놀이를 할 때 규칙을 지키려는 태도를 보이기 시작했고, 부모님께 편지쓰기 활동 시 쓸 내용을 생각하여 글과 그림으로 마음을 표현하려는 노력을 보였습니다. 부모님께 받은 답장을 소중하고 자랑스럽게 생각하며 교사에게 보여주려고 했습니다.

부모와의 소통

편지공책을 마무리하면서 편지공책이 부모와의 소통에 얼마나 영향을 주었는지 학생들에게 4가지 문항의 질문을 했습니다. 1문항 '하루에 부모님과 대화를 많이 한다'는 68점에서 80.8점으로 12.8점 향상되었습니다. 2문항 '부모님이 내 이야기를 잘 들어주신다'는 64점에서 81.6점으로 17.6점 향상되었습니다. 3문항 '부모님께 내 이야기를 잘 한다'는 56.8점에서 78.4점으로 21.6점으로 향상 되었습니다. 4문항 '부모님이 내 마음을 잘 알아 주신다'는 64.8점에서 92점으로 27.2점으로 향상 되었습니다. 부모와의 소통에 관한 문항들이 전체적인 향상을 보였으며, 특히 4문항 '부모님이 내 마음을 잘 알아주신다'의 큰 향상을 볼 수 있습니다. 이는 '편지공책'의 활용으로 평소에 잘하지 못했던 이야기를 주고받으며 큰 공감과 이해를 받게 된 것으로 보였습니다.

편지공책을 통해 자녀와 소통의 변화를 경험한 부모들은 아래와 같은 피드백을 주기도 했습니다.

"바쁘다는 핑계로 아이의 마음을 공감하고 이해해주지 못했는데, 편지공 책을 통해서 아이를 더 깊이 이해하고 부모 된 저의 마음도 표현할 수 있어 서 행복했습니다."(A 학부모)

"아이의 학교생활이나 친구관계 등 궁금한 것이 많았는데 편지공책 덕분 에 아이에 대해 더 많은 것을 알게 되어서 좋았습니다. 앞으로도 꾸준히 써나가면 행복한 가정생활에 큰 도움이 될 것 같아요."(B 학부모)

편지공책으로 아이와 마음 나누기

엄마와 아빠는 일터로, 아이들은 학교와 학원으로 서로 바쁜 생 활 속에서 마주보고 앉아 대화 할 시간이 없습니다. 그나마 하는 짧은 대화는 '숙제 했니?', ' 공부해라.' 같은 명령과 잔소리에 그치 게 됩니다. 아이들은 엄마 아빠에게 하고 싶은 말이 참 많습니다. 학교에서 친구와 있었던 일, 선생님께 칭찬받은 일, 엄마 아빠에 게 부탁하고 싶은 이야기들이 그저 마음속에만 머물다 사라져 버 립니다. 일에 지치고 휴식이 필요한 부모님은 들어줄 시간과 여유 가 없습니다.

어느 날 아이가 학교에서 편지공책이라는 걸 들고 왔습니다. 그 러고는 아빠에게 쓱~ 내밀며 "아빠, 이거... 답장 써주세요." 직장 에서 퇴근하고 피곤한 아빠는 아이가 잠든 시간에 편지공책을 슬쩍 들여다봅니다. 그러고는 졸린 눈을 비비며 아이에게 정성스럽게 답장을 써 내려갑니다. 아빠의 답장을 받은 아이는 뛸 듯이 기뻐합니다. 아빠의 사랑을 온몸으로 느끼며 입가에 미소가 번집니다. 사랑과 행복을 느낀 아이는 신나게 가방을 둘러메고 학교에 갑니다.

'엄마 아빠랑 주고받는 편지공책'이라는 공책 한 권을 통해 가정에 조금씩 변화가 생기기 시작했습니다. 아무리 바빠도 아이의 편지에는 꼬박꼬박 답장을 써주는 부모님. 고사리손으로 꾹꾹 눌러 쓴 편지공책을 식탁 위에 슬쩍 올려두고 답장을 기다리며 행복해하는 자녀. 그 속에서 서로에 대한 이해와 공감, 사랑이 싹터갑니다.

6장
감정표현으로 아이와 마음 나누기

HAPPY FAMILY

감정표현으로 아이와 마음 나누기

감정표현이 아이에게 중요한 이유

국어사전에 의하면, 감정(feeling)이란 어떤 현상이나 사건을 접했을 때 마음에서 일어나는 느낌이나 기분을 말합니다.

우리 아이들은 감정표현을 잘합니다. 기쁨, 슬픔, 외로움, 좋음, 싫음, 짜증 등 마음에서 일어나는 느낌이나 기분을 그대로 표현합니다. 그런데 아이들이 자라면서 자신에게 일어나는 감정을 억누르거나 죽이게 됩니다. 감정을 솔직하게 나타내면, 가정에서나 사회에서 불이익을 받은 경험 때문입니다. 특히 자신보다 지위가 높은 위치에 있거나 권력을 가진 사람 앞에서는 더더욱 그렇습니다. 그런데 마음에서 일어나는 감정을 제대로 관리하지 못하면 마음에 병이 생깁니다.

아이가 제일 먼저 감정의 제재를 받는 사람은 아마도 부모일 것입니다. 아이는 갓난아이일 때부터 울음이나 웃음으로 의사소통을 하거나 자신의 감정을 전달합니다. 이때까지만 하더라도 부모는 아이의 감정을 그대로 받아줍니다. 하지만 아이가 자라면서 아이의 감정은 부모로부터 거절당하기 시작합니다. 이런 거절들이 점점 쌓이게 되면, 아이는 부모 앞에서 자신의 감정을 드러내지 않습니다. 자신의 감정을 누릅니다. 이렇게 자신의 감정을 억압하는 것에 숙달된 아이들은 자신만의 가면을 쓰게 됩니다.

이 가면들은 심리학에서 이야기하는 방어기제라고 할 수 있습니다. 마음에서 일어나는 감정들이 상처를 받았기에 그 마음을 보호하기 위한 마음의 대처 방법입니다. 여기에 합리화, 투사, 공격자와의 동일화, 부정, 보상, 퇴행, 분리 등 여러 가지 방어기제들이 일어납니다. 그런데 이런 방어기제는 근본적인 해결책이 아니기 때문에 감정이 해소되지 않습니다. 성장하면서 그 가면에 또 다른 가면을 쓰고 아이의 가면은 점점 두꺼워집니다. 내면에 일어나는 자신의 진짜 감정은 짓누르고, 겉으로는 가짜 감정을 표현합니다. 더 깊은 상처가 되어 더 강력한 방어기제가 일어납니다.

감정표현을 억제하다 보면, 자신의 감정을 제대로 알지 못합니다. 감정표현을 올바르게 하기 위해서는 자신의 마음의 소리를 듣는 것이 필요합니다. 기쁘고 즐겁고 설레는 감정인지 슬프고 아프고 고통스러운 감정인지 내 마음의 세포들이 전하는 소리에 귀를 기울여야 합니다.

　앞서 말씀드린 것처럼, 아이들에게 가장 영향을 주는 사람은 부모입니다. 부모는 아이가 스스로 마음의 소리, 감정을 들을 수 있도록 도와줘야 합니다. 그리고 가족끼리 서로의 감정을 표현함으로 감정을 해소할 수 있도록 도와줘야 합니다. 심리학에서 이런 것을 가족치료라고 합니다. 가족치료는 가족끼리 서로 간에 하고 싶었던 말, 즉 어떤 상황에서 생기는 자신의 감정들을 충분하게 이야기하면서 치료하는 방법입니다. 이때 주의할 점은, 아이가 이야기하는 시간을 확보해줘야 합니다. 1분, 혹은 2분 등 충분히 이야기할 시간을 주고 그 시간에서 부모가 끼어들지 말아야 합니다. 부모가 도중에 개입하면, 아이는 자신의 숨겨진 감정을 이야기할 수 없습니다.

　이렇게 감정을 표현해서 해소해야 마음에 감정이 쌓이지 않습니다. 억울함, 분노, 불안, 고독, 수치심, 열등감, 죄책감 등 마음에서 일어나는 감정을 억누르는 것은 결코 자신에게 유익하지 않습니다. 감정표현을 통해 적절하게 처리해야 합니다. 특히 아이의 내면에 쌓이는 감정들은 아이에게 좋지 않은 영향을 줍니다. 마음에 쌓인 나쁜 감정들은 때로는 몸과 마음이 아프기도 합니다. 때로는 감정들이 폭발하여 주변 사람들에게 피해를 주거나 깜짝 놀라는 일도 일어납니다.

감정을 담아두는 마음은 한계가 있습니다. 이 한계의 울타리가 무너지면 감정을 감출 수 없습니다. 어떤 식으로든지 밖으로 표출합니다. 내면에 쌓인 감정들이 표출할 때는 좋지 않은 방법으로 폭발이 일어납니다. 이런 상황이 된다면, 아이는 위험한 상태입니다.

우리가 흔히 성공한 사람이라고 생각하는 기업인, 연예인, 운동선수 중에 감정을 해소하지 못해 마음의 불안을 안고 살아가는 사람들이 있습니다. 공인이라 불리는 사람들은 혹여 자신의 진짜 모습이 타인에게 노출됐을 때 부정적으로 보이지 않을까 하는 두려운 마음 때문에 자신의 감정을 철저히 숨깁니다. 자신의 감정을 숨기는 것이 심리적으로 불안 상태를 일으키고, 불안 상태가 한계점을 벗어나는 순간 여러 형태로 폭발합니다. 우울증, 공황장애, 거식증 등 다양한 병명으로 나타납니다.

자신의 감정을 마음에 담아 두지 않고 표현하는 것이 중요합니다. 그렇다고 자신의 감정을 있는 그대로 쏟아내는 것도 위험한 일입니다. 감정을 올바른 방법으로 표현해서 해소하는 것이 필요합니다.

감정표현도 연습이 필요합니다

초등학교 2학년에 감정을 표현하는 수업이 있습니다. 학교 교과과정에 이 수업이 있다는 것은 이 시기에 꼭 필요한 것이기 때문입니다. 초등학교 2학년은 9세, 만으로 8세가 됩니다. 이 시기에 자신의 감정을 바로 알고 타인에게 올바르게 표현하는 것이 꼭 필요합니다. 감정표현을 올바로 숙지 않지 않고 성장하면 삶이 힘들어집니다. 그렇다면, 어떻게 감정표현을 하는 것이 좋을까요?

자신에게 일어나는 감정이 어떤 것인지 정확하게 아는 것이 중요합니다. 초등학교 2학년 학생들이 자신의 감정을 설명하라고 하면, 정확하게 설명하는 아이들이 그리 많지 않습니다. 자라면서 감정에 대한 솔직한 학습이 없었기 때문입니다. 그래서 자신의 마음에서 일어나는 감정을 정확하게 표현하지 못합니다.

『강신주의 감정수업』(강신주, 민음사)에서 철학자 스피노자가 인간의 다양한 감정들을 48가지로 분류했다고 말합니다. 그리고

48가지의 감정[1]들을 땅, 물, 불, 그리고 바람으로 구성하여 자세히 설명합니다. 하나의 예를 들면, '당황'(consternation)이라는 감정은 인간을 무감각하게 만들거나 동요하게 만들어 악을 피할 수 없도록 만드는 두려움이라고 정의된다[2]고 말합니다.

아이들에게 감정표현 놀이를 통해서 아이의 마음에 일어나는 감정이 정확하게 무엇인지 알려주는 것이 필요합니다. 예로 감정에 대한 몇 가지에 대한 설명입니다.

- 무섭다: 어떤 대상에 대하여 꺼려지거나 무슨 일이 일어날까 겁나는 마음.
- 슬프다: 분하고 억울한 일을 겪거나 불쌍한 일을 보고 마음이 아프고 괴로운 마음.
- 외롭다: 홀로 되거나 의지할 곳이 없어 쓸쓸한 마음.
- 짜증나다: 마음에 들지 않아서 기분이 나쁘거나 화가 나는 마음.
- 화나다: 몹시 노엽거나 언짢아서 속에서 화기나 나는 마음.
- 신나다: 어떤 일에 흥미나 열성이 생겨 기분이 매우 좋아지는

---

1) 비루함, 자긍심, 경탄, 경쟁심, 야심, 사랑, 대담함, 탐욕, 반감, 박애, 연민, 회한, 당황, 경멸, 잔혹함, 욕망, 동경, 멸시, 절망, 음주욕, 과대평가, 호의, 환희, 영광, 감사, 겸손, 분노 질투, 적의, 조롱, 욕정, 탐식, 두려움, 동정, 공손, 미움, 후회, 끌림, 치욕, 겁, 확신, 희망, 오만, 소심한, 쾌감, 슬픔, 수치심, 복수심
2) 강신주, 『강신주의 감정수업』 p. 155

마음.

- 행복하다: 충분한 만족과 기쁨을 느끼는 마음.
- 당황하다: 놀라거나 다급하여 어찌할 바를 모르는 마음.
- 즐겁다: 마음에 거슬림이 없이 흐뭇하고 기쁜 마음.
- 미안하다: 남에게 대하여 마음이 편치 못하고 부끄러운 마음.

아이들에게 여러 감정에 대한 이야기를 하고 마음 속에 일어나는 감정을 올바르게 표현할 수 있도록 도와주면서 아이와 마음을 나눌 수 있습니다. 이때 부모의 감정표현이 중요합니다.

아이가 감정표현이 안 되는 것보다 부모가 자신의 감정표현을 더 못하는 경우가 많습니다. 성인이 될 때까지 자신의 감정이 무엇인지 확실히 모르는 경우도 있고, 알더라도 어떻게 표현해야 하는지 모르는 경우도 있습니다. 그래서 아이와 감정표현을 통해 마음을 나누기 위해서 먼저 부모가 자신의 감정을 해소해야 합니다. 대부분은 어린 시절에 감정, 마음의 소리를 닫습니다. 그래서 부모는 내 마음속의 아이를 먼저 찾아야 합니다. 유년 시절의 경험이 과거의 한순간에 끝나는 것이 아니라 현재의 삶까지 계속 영향을 줍니다. 때문에 부모가 먼저 어린 시절에 닫혀 있던 감정들을 해소하는 것이 필요합니다.

자기 마음, 감정을 살피지 못하는 사람은 다른 사람의 마음도 살피기 힘듭니다. 아이 때문에 상담을 받으러 온 부모들이 상담하면서 근본적인 문제가 부모 자신이라는 사실을 깨닫습니다. 아이가 감정을 표현하지 못하는 경우도 부모가 감정을 잘 표현하지 못하는 경우들이 많습니다. 학교에서 부모 상담을 하면, 학교에서 생활하는 학생의 생각과 행동들이 다 이해됩니다. 부모의 모습에서 학생의 모습이 보이기 때문입니다.

부부가 먼저 감정표현을 연습하고, 아이와 함께 감정표현 놀이를 하면 좋습니다. 부부간의 감정표현을 잘하는 사람도 있지만, 올바른 감정표현을 하지 못하는 부부도 있습니다. 가장 가까운 사이지만, 내면에서 일어나는 마음의 소리를 서로 잘 알지 못합니다. 서로 어떤 상황이 되었을 때, 자신의 감정이 어땠는지 찾아가는 것입니다. 그리고 그 마음을 배우자에게 표현하는 것입니다.

집에서 할 수 있는 감정표현 놀이

하루 30분, 집에서 할 수 있는 감정표현 놀이로 아이와 마음을 나눌 수 있습니다.

감정표현을 잘하지 못하는 아이들에게 신호등 감정표현을 먼저 하는 것이 좋습니다. 학교에서 아이들에게 자신의 감정 상태를 초록색, 주황색, 빨간색으로 표현하도록 했습니다. '초록색은 기분이 좋음', '빨간색은 기분이 나쁨', '주황색은 기분이 좋지도 나쁘지도 않음'. 이렇게 자신의 감정을 표현함으로 자신뿐만 아니라 타인도 알 수 있도록 했습니다. 신호등 감정표현을 보고 타인의 감정 상태를 알자 아이들의 배려가 늘어났습니다. 그만큼 다툼도 줄었습니다. 집에서도 잘 보이는 곳에 감정 신호등을 만들어 가족들의 감정을 표현해 보세요.

집에서 할 수 있는 감정표현 놀이를 몇 가지 소개합니다.

- 감정카드 만들기
- 감정의 정의 말하기
- 언제 그런 기분이 들어?(직접 경험한 것을 나누기)
- 상황을 이야기하고 감정 맞추기
- 감정표(자기감정표에 표시하기)
- 감정 빙고게임
- 비슷한 감정들을 모아보기(예로 기쁨, 슬픔, 두려움, 분노, 혐오 등)
- 아빠, 엄마, 아이를 생각하며 느끼는 감정과 그 이유를 표현하기
- 감정에 대한 나의 생각 말하기

- 몸으로, 얼굴로 감정 표현하기
- 감정 노트를 활용한 나눔 공책 쓰기

    가족이 함께 감정표현을 하면서 자신의 감정뿐만 아니라 가족 구성원의 감정을 알아가는 것은 마음을 나누는 데 긍정적인 역할을 합니다. 감정표현은 어린아이뿐만 아니라 사춘기를 보내고 있는 청소년들, 그리고 청년과 성인 자녀들에게도 큰 도움을 줍니다. 쉽지 않지만, 가정에서 감정표현을 할 수 있는 노력을 해보세요.

7장
놀이로 아이와 마음나누기

HAPPY FAMILY

놀이로 아이와 마음나누기

아이들에게 놀이를

국어사전을 보면, 놀이는 신체적이고 정신적인 활동 중에서 식사, 수면, 호흡, 배설 등 생존과 직접적인 관계되는 활동을 제외하고 '일'과 대립하는 개념을 가진 활동이라고 합니다. 두산백과에서는 일은 어떤 목적 달성을 위한 수단이기 때문에 고통이 따르기도 하고 강제성이 있지만, 놀이는 활동 자체가 즐거움을 준다고 합니다. 강제성이 없이 자발적으로 행해지는 것이 바로 놀이입니다. 하지만 아이들의 활동에는 일과 놀이의 구분이 없으며, 아이들에게는 놀이가 곧 일입니다. 놀이 활동을 통해서 새로운 기능을 얻으며 사회의 습관을 익혀서 일을 할 수 있게 됩니다. 그러므로 아이들에게 있어서 놀이는 심신의 발달에 중요한 역할을 하는 것이지만, 성인에게는 일상생활이나 일에서 생기는 강박감(stress)을 해소하고 기분을 전환하며, 피로를 풀고 새로운 생활의욕을 높이기 위한 방법으로서의 효용이 있습니다.

제가 어릴 때만 하더라도 골목마다, 공터마다 아이들이 노는 소리로 가득했습니다. 아이들은 아침밥을 먹고 모이는 장소에 갑니다. 한두 명 모이면 놀이가 시작되고 오는 아이들마다 놀이에 참여했습니다. 점심을 먹을 때까지 여러 가지 놀이를 합니다. 어떤 놀이는 1분도 되지 않고 끝나는 경우도 있고, 때로는 한 시간 넘게 하는 놀이도 있습니다. 그때 모인 아이들의 의견에 따라 달라집니다. 하기 싫으면 언제든지 빠질 수 있고, 또 집에 들어갔다가 다시 참여할 수 있는 것이 놀이였습니다.

하지만 지금은 골목도, 뛰어놀 수 있는 공간도 사라졌습니다. 아이들은 학원으로 내몰리고, 뛰어 노는 곳조차 스포츠센터나 실내놀이터로 갑니다. 시간이 정해졌고, 하는 놀이도 정해져 있습니다. 놀이의 주체가 아이가 아닙니다. 아이들은 프로그램에 맞춰서 놀고, 더 놀고 싶어도 시간이 되면 멈춰야 합니다. 아이들의 놀이 공간과 시간이 점점 줄어듭니다. 이런 시간도 아이들이 클수록 점점 줄어듭니다. 어릴 때 놀다가는 평생 후회한다는 불안감 때문에 부모는 아이들의 노는 시간을 줄입니다.

아이들에게 놀이는 본능입니다. 놀이를 통해서 즐거움을 느끼고, 성장하면서 에너지를 발산하고 저마다 스트레스를 풀어갑니다. 놀이가 줄어들면, 아이들은 놀이를 대신해서 다른 것들을 찾습니다. 일종의 다른 놀이를 찾는 것입니다. 그것이 바로 게임, SNS, 친구 괴롭히기, 일탈하기 등입니다. 그렇게 하지 않으면 아이들은 정신적으로 버텨내기 힘들기 때문입니다. 아이들은 놀이를 하면서 직접 보고, 만지고, 느끼면서 신체적으로, 정신적으로 성장합니다.

이런 이유를 알고 있는 부모들은 아이들에게 놀이를 제공해줍니다. 하지만 그 불안감을 떨치지 못합니다. 그래서 아이들이 놀더라도 그 속에 학습이 일어나는 놀이를 하도록 합니다. 놀이와 학습이 결합된 여러 학원이나 프로그램에 보냅니다. 놀이는 사람이라면 자연스럽게 생기는 갈증인데, 이런 놀이학습은 그 갈증을 해소하지 못합니다. 놀이가 자발적으로 이루어질 때 "진짜" 놀이가 됩니다. 수동적으로 행해지는 놀이는 더 이상 놀이가 아니라고 합니다. 부모가 놀이에 학습을 넣는 순간 놀이가 될 수 없습니다. 그런 의미에서 요즘 아이들은 놀이라는 것이 없는 경우도 있을 것입니다. 아이가 진짜 놀이를 하기 위해서는 놀이의 주도권을 아이에게 주고, 부모는 그 놀이에 참여해야 합니다. 부모가 놀이의 주도권을 쥐고 뭔가를 주입하려는 순간, 아이는 그 시간을 놀이로 인식하지 않을 수 있습니다. 놀이의 목적은 놀이 그 자체에 있어야 합니다.

하지만, 놀이가 놀이 그 자체에서 끝나지 않습니다. 놀이를 통해서 아이는 많은 것들을 배웁니다. 아이가 능동적으로 놀이를 하게 되면, 신체적, 정서적, 학습적 등 여러 가지 부분에 많은 효과를 줍니다.

아이의 놀이에 참여하는 부모

여기에서는 부모가 놀이로 아이와 마음을 나눌 수 있는지에 대해서 알아보겠습니다. 놀이를 한다는 것은 함께 마음을 나눈다는 것을 의미합니다. 여러분의 어린 시절을 떠올려보세요. 놀이에 참여한다는 것은 그 놀이 자체를 즐기려는 마음과 함께 놀이에 참여하는 사람들과 관계가 좋다는 뜻입니다. 내 마음에 들지 않는 친구가 있으면 그 놀이에 참여하지 않습니다. 아이들의 놀이라는 것이 그렇습니다. 그래서 아이가 부모와 놀이를 한다는 것은 마음을 나눌 자세가 됐다는 것입니다. 그런데 부모가 놀이를 놀이로 생각하지 않으면 문제가 생깁니다.

우리가 아이들과 놀 때, '놀아준다'고 말을 합니다. 놀아준다는 말에는 아이의 눈높이에 맞춰서 놀이에 참여한다는 뜻이 담겨 있습니다. 놀이의 주도권이 부모가 아니라 아이에게 있습니다. 아이가 아이의 놀이에 부모를 초대하는 것입니다. 부모는 아이의 놀이에 동참한다는 것을 잊어서는 안 됩니다. 아이에게서 놀이의 주도권을 뺏으면 안 됩니다. 그렇다고 부모가 아이와 함께 놀이를 할 때 무조건 아이의 입장에서만 맞춰서는 안 됩니다. 자칫 부모와는 잘 노는데 다른 친구들과 잘 놀지 못하는 경우가 있습니다. 부모가 놀이를 할 때 제 멋대로 행동할 수 있도록 허락하기 때문입니다. 부모가 놀이에 참여하는 입장에서 때로는 경쟁심도 있어야 하고, 함께 정한 규칙을 지키도록 해야 합니다. 배려와 격려도 있어야 합니다.

놀이를 통해 아이들은 놀이에 참여하는 사람들과 교류를 하고 자연스럽게 자신의 감정을 표현합니다. 놀이에는 어떤 결과를 이끌어내는 목적이 없기 때문에 자기 자신의 본연의 모습이 그대로 드러나는 경우가 많습니다. 스스로 생각하고 상상해서 행동으로 표현합니다. 뭔가 부족하고 실패하더라도 몇 번씩 반복합니다. 규칙이 있지만, 놀이를 하는 아이들이 합의하에 규칙을 바꿀 수도 있습니다. 어떤 경우에는 놀이를 하는 동안 규칙이 여러 번 바뀌기도 합니다.

놀이를 통해 배운 대인관계는 사회에 나갔을 때 많은 유익을 줍니다. 혼자 하는 놀이보다 아이들과 함께 하는 놀이에서 사람들과의 관계를 배웁니다. 다른 아이들과 어울려 잘 노는 아이들은 대체로 대인관계가 좋습니다. 어린 아이에게 대인관계를 맺는데 놀이보다 더 좋은 것은 없습니다.

아이와 마음을 나누는 놀이

아이와 마음을 나누는 놀이를 하라고 하면, 어떤 놀이를 해야할까 생각할 것입니다. 아이와 마음을 나누는 놀이는 거창하거나 큰돈이 들어가지 않습니다. 아이를 사랑하는 마음으로 함께 시간을 보내는 놀이라면 무엇이든지 다 좋습니다.

아이와 마음을 나눌 수 있는 놀이가 무엇이 있을까요?

유엔에서 우리나라 어린이가 하고 싶은 바깥놀이 52가지를 소개했습니다. 신나게 달리기, 한 발 뛰기, 줄넘기, 숨바꼭질, 잎사귀로 왕관 만들기, 낙엽 밟기 등입니다.

〈전래놀이〉(함박누리, 토박이(기획), 보리, 2009.)를 보면, 우리나라 전래놀이 52개를 소개했습니다. 각시놀음, 고무줄놀이, 공기놀이, 구슬치기, 그림자놀이, 널뛰기, 딱지치기, 땅따먹기, 사방치기, 소꿉놀이, 손뼉치기, 윷놀이, 그림자 밟기, 꼬리잡기, 닭싸움, 말뚝박기, 숨바꼭질, 씨름, 줄다리기, 팽이치기, 감 따기, 밤 따기, 고기잡이, 나무 오르기, 눈사람 만들기, 눈싸움, 물수제비뜨기 등 우리의 생활 속에 하고 있는 놀이들입니다.

그 외에 낙서, 끝말잇기, 시장에 가면, 노래부르기, 알까기, 팔씨름, 가위 바위 보, 묵찌바, 카드 뒤집기, 공놀이, 풍선 불기, 신문지에서 글자 찾기, 신문지 위에 올라가기, 손가락 맞추기(어떤 손가락), 가면 만들기, 역할극 놀이(병원, 마트, 가게), 보드게임, 숫자찾기, 구구단 게임, 틀린그림 찾기, 젠가, 동전 쌓기, 블록놀이(레고) 성 쌓기 등 다양한 놀이들이 있습니다. 기존에 있는 놀이들뿐만 아니라 자신만의 놀이를 만들어서 하는 것도 좋습니다.

〈에필로그〉

올 초에 네 식구가 약 한 달 동안 유럽투어를 하고 왔습니다. 큰 트렁크를 끌며 7개국 20도시를 누비고 다녔습니다. 다 큰 아이들과 함께 한 달 동안 여행을 한다는 것 자체가 기적과 같은 일이었습니다. 서로 다른 성향 때문에 하루에도 몇 번씩 부딪혔습니다. 즐거워야 할 여행이 기분이 나빴던 순간순간도 있었습니다.

여행 중에 했던 이야기가 생각납니다.

"가정 사역을 하고 있는데, 지금 우리가 이렇게 서로 부딪히고 있는 걸 보니 참 부끄럽다."

그랬더니, 큰아이가 이야기 했습니다.

"그나마 우리니까 이러고 있는 거지, 다른 가족이었으면 벌써 뿔뿔이 흩어졌을 걸요."

심각한 상황에서도 이 이야기로 다시 기분전환을 하고 여행계획에 대한 이야기를 나누었습니다. 그 뒤에서도 종종 부딪힘이 있었지만, 그때마다 서로의 마음을 이야기하고 배려하고 격려하면서 무사히 다녀왔습니다.

원고를 퇴고하고 출판사에 원고를 넘긴 후에도 우리 부부는 아이와 마음을 나누는 것에 대해서 이야기했습니다. 아이와 마음을 나눈다는 것이 정말 쉬운 일이 아닙니다. 내 아이를 잘 안다고 생각했지만, 아이들은 자라면서 시시때때로 변합니다. 특히 사춘기 시절에는 하루에도 열두 번씩 변하는 마음의 상태를 도무지 알 수 없었습니다. 그런데, 사춘기 아들도 자기의 마음을 모르겠다고 했습니다. 이런 아이들의 변화뿐만 아니라 부모인 우리도 나이가 들면서 우리도 모르게 마음의 상태들이 변하고 있었습니다.

우리 가족만이 아니라 많은 가족들이 이런 상황에 있을 것이라고 생각합니다. 이런 변화들이 찾아왔을 때 갈등을 해소하지 못하면, 서로 부딪힘이 생기고, 갈등의 골이 깊어져 대화가 단절되고, 서로의 마음을 알지 못한 채 세월이 흘러갑니다.

우리 부부는 부딪힘이 있을 때 감정을 추스르고 서로의 마음을 터놓고 이야기하는 시간을 가지려고 노력했습니다. 아이들이 자라면서 함께하는 시간도 줄어들고, 아이들의 주관이 뚜렷해지면서 대립되는 부분도 있었습니다. 그러다 보니 감정이 앞서서 가끔씩 일방통행이 되기도 했고, 진심을 제대로 전달하지 못하는 경우도 있었습니다. 하지만, 어릴 때부터 마음 나누기가 익숙한 우리였기에 서로의 마음을 나누었고, 얼마나 서로를 위하고 있는지 확인했습니다.

아이와 마음 나누기. 아이가 어릴 때일수록 시작하는 것이 좋습니다. 어린 아이일수록 자신의 속마음, 진짜 마음을 부모에게 꾸밈없고 솔직하게 전달하기 때문입니다. 속마음을 전달하는 훈련이 잘 된 아이들은 고학년이 되어서도 자신의 마음을 부모에게 잘 드러낼 수 있습니다. 그리고 아이가 성인이 될 때까지 마음 나누기를 지속해야 합니다. 아이들이 고학년이 되면서부터는 자신만의 확고한 자아가 세워지기 때문에, 어릴 때처럼 부모의 말에 쉽게 순응하지 않는 경우들이 많아집니다. 그래서 아이들과 다툼이 많아지고, 부모는 아이를, 아이는 부모를 서로 이기려고 대립하게 됩니다. 대부분 이 시기에 많은 부모들이 아이들과 속마음을 터놓고 이야기하는 것을 포기해버립니다. 이때 포기하면 그동안 이룬 것들이 무너지게 됩니다. 아이와 마음을 나누는 것을 포기하지 마세요.

우리 부부도 여느 부부들처럼 아이들과 대립되는 시기를 보냈습니다. 그때마다 참 힘들었습니다. 그러나 부모의 권위를 내세워 아이를 이기려고 하기보다는, 마음을 나누는 대화를 하려고 노력했습니다. 올해로 스무 살 성인이 된 큰아이, 아직도 질풍노도의 시기를 보내고 있는 고등학생 둘째와도 여전히 마음을 나누며 행복한 오늘을 보내고 있습니다.

하루 30분, 아이와 마음 나누기

·**초판 1쇄 발행** 2023년 07월 25일

·**지은이** 배태훈 박종순
·**펴낸이** 민상기
·**편집장** 이숙희
·**펴낸곳** 도서출판 드림북
·**인쇄소** 예림인쇄 **제책** 예림바운딩
·**총판** 하늘유통

·**등록번호** 제 65 호 **등록일자** 2002. 11. 25.
·경기도 양주시 광적면 부흥로 847 경기벤처센터 220호
·Tel (031)829-7722, Fax(031)829-7723